# Ausgebombt

## Ein Hausfrauen-Kriegstagebuch

Erinnerungen von Ilse Grassmann
Hamburg 1943–1945

Mit einem Geleitwort von
Werner Grassmann
Gründer und Geschäftsführer des ABATON-Kinos
und dem Vorwort zur ersten Auflage von
Klaus von Dohnanyi
Hamburgs Erster Bürgermeister
1981 bis 1988

Die Deutsche Bibliothek – CIP-Einheitsaufnahme

**Grassmann, Ilse:**
Ausgebombt.
Ein Hausfrauen-Kriegstagebuch. Hamburg 1943–1945
2. überarbeitete und ergänzte Auflage
Hamburg 2003


Studio 1 Filmproduktion Werner Grassmann KG
Allendeplatz 3 · 20146 Hamburg
ISBN 3-87815-206-X



Herausgeber: Werner Grassmann
Lektorat, Layout,
Umschlaggestaltung: Dr. Karin Orbanz
Herstellung: Druckerei Ditzen GmbH & Co. KG, Bremerhaven

**Werner Grassmann**

Zum Geleit im Sommer 2003.

Dieses Tagebuch ist kein normales Tagebuch. Es entstand einige Jahre nach den schrecklichen Ereignissen, als die Erinnerungen an den Krieg zu verblassen begannen. Das Wirtschaftswunder mit D-Mark, Waschmaschine und Volkswagenkultur legte sich wie Mehltau über das Trauma der Grausamkeiten.

Erst jetzt, 60 Jahre nach Gomorrha, kommt die Erinnerung zurück, an das Jaulen der Sirenen, das Beben der Wände in den Kellern, das gleichmäßige Brummen der Bomber über der Stadt, das ohrenbetäubende Ballern der offensichtlich nutzlosen Flak-Geschütze, das Prasseln der Flammen in den fast stillen Straßen und der süßliche Gestank nach Brand und verwesenden Leichen – noch Wochen nach den Feuerstürmen.

Aus einer Fülle kleiner Merkzettel, fast immer mit dem entsprechenden Datum versehen, ist dieses Hausfrauen-Kriegstagebuch entstanden, aus alten Lebensmittelmarken und Zeitungsschnipseln, absurd klingenden Vorschriften, Genehmigungen und Verboten von Behörden, Quittungen und Eisenbahnfahrkarten und schließlich aus Beschreibungen schrecklicher Erlebnisse in Schulkladden, die sich lesen wie Aufsätze.

Meine Mutter ist 1998 im Alter von fast 90 Jahren in dem von ihr selbst buchstäblich mit eigenen Händen gebauten Haus in Aumühle gestorben. Die letzten Jahre ihres erfüllten Lebens hat sie friedlich in ihrem Lehnstuhl, am Blumenfenster sitzend, dieses Buch geschrieben, aus ihren Erinnerungen zusammengestellt, muss man wohl sagen.

Nach ihrem Tod habe ich in einem großen Pappkarton wohl über 100 Briefe gefunden, die sich meine Eltern von 1943 bis 1945 geschrieben haben. Mein Vater, Sohn eines preußischen Beamten, hat all seine Briefe mit der Schreibmaschine geschrieben, mit Durchschlag. Etliche Briefe habe ich in diese Neuauflage aufgenommen. So ist praktisch ein zweites Tagebuch entstanden.

Es berührt mich heute sehr, zu lesen, mit welcher Selbstverständlichkeit meine Eltern das Unglück ertrugen, wie zielstrebig sie ihr Überleben organisierten, wie sie sich gegenseitig Mut machten, einander auf bessere Zeiten vertrösteten und schüchterne Liebeserklärungen in ihre Briefe einfließen ließen.

*Ilse (34) an Kurt (47) im Herbst 1944:*

*... Nun für heute mal wieder Schluss. Mein lieber Junge, lass nur den Kopf nicht hängen, weil es nun nicht so geht, wie wir uns das gedacht haben. Sieh' mal, mir geht es genauso wie Dir. Jeden Tag fehlst Du mir und immer denke ich, wenn ich nur bei Dir wäre. Aber man kann es nun mal nicht ändern. Da wollen wir stark bleiben und uns vom Kleinkram des Lebens nicht mürbe machen lassen. Wir heben alles auf für eine schönere Zeit. Erst jetzt wissen wir so recht, was wir aneinander hatten, aber auch, was uns das Leben dann wieder schenken wird.*

*Herzliche Grüße und Küsse,*
*Deine Ilse*

## Vorwort zur ersten Auflage

Fast ein halbes Jahrhundert hatten wir nicht nur in Deutschland unter Bedingungen gelebt, die man aus heutiger Sicht als historisch äußerst "künstlich" bezeichnen muss. In der Sowjetunion – und bald nach 1945 in ihrem gesamten Machtbereich – wurde eine Gesellschaftsordnung konstruiert, die so wenig der menschlichen Natur entsprach, dass fast alle evolutionären Entwicklungen gewaltsam gestaut und die Konflikte, die unsere europäische Geschichte über Jahrhunderte geprägt hatten, unterdrückt werden mussten, um das System zu erhalten.

Als die menschliche Natur sich schließlich gegen das kommunistische Projekt durchsetzte, brachen nicht nur die Macht- und Wirtschaftsgefüge zusammen: wir begriffen auch, dass unsere eigene Sicht der

Geschichte künstlich geworden war; dass wir selbst Bilder von einer wünschenswerten Gesellschaft in uns getragen hatten, die auch im demokratischen Westen der Realität der menschlichen Natur nicht immer entsprachen. Abgeschirmt durch die Mauern des Kalten Krieges hatten wir es uns leicht gemacht. Die Probe aufs Exempel haben wir nun zu bestehen: In Teilen der Wiedervereinigung; im Asylrecht; im Axiom der Freizügigkeit in Europa gegenüber den uns überfordernden Flüchtlingsströmen; usw.

Das alles beginnen wir zu begreifen. Zu selten allerdings sehen wir, dass nicht nur unser Bild der Gegenwart allzu konfliktfrei, sondern auch unsere Sicht der deutschen Vergangenheit und unser Urteil über sie durch die Schwarz-Weiß-Bilder der Gegenwart allzu einfach geworden war. Jeder ist heute gegen Hitler – also wären wir es damals auch gewesen; jeder ist heute gegen Krieg – also wären wir es damals auch gewesen; jeder weiß heute, dass der Krieg schon zu Beginn verloren war – also hätten wir es damals auch schon so früh gewusst. Wirklich? Das neue Chaos der neunziger Jahre macht die Probleme und Entwicklung der dreißiger Jahre vielleicht verständlicher als jeder Geschichtsunterricht. Und vieles nachvollziehbarer, was wir immer so schnell verurteilt hatten.

Wie die Menschen, die damals lebten, fühlten und urteilten lässt sich nur verstehen, wenn man versucht, sich in ihre Welt zurückzuversetzen. Tagebücher, wie Ilse Grassmann eines geschrieben hat, sind auch deswegen interessant, weil sie für uns heute oft schwer verständliche Urteile enthalten, die wir versuchen sollten so aufzunehmen, als kämen sie von uns selbst. Denn die Menschen damals waren nicht anders als wir: nur die Verhältnisse waren anders.

Auch wenn wir aus der Geschichte wenig lernen können, weil sie sich nie wiederholt – sie besser zu verstehen, lohnt sich allemal. Ilse Grassmanns Tagebuch trägt dazu bei.

Hamburg, April 1993

Klaus von Dohnanyi
Hamburgs Erster Bürgermeister
von 1981–1988

**Die wichtigsten Personen:**

***Ilse Grassmann***
ist 35 Jahre als sie mit ihren Aufzeichnungen beginnt, in einem Hamburg, das bereits von den Schrecken des Krieges gezeichnet ist.

***Kurt***,
Ilses Mann, 47 Jahre, ist Prokurist in einem Hamburger Verlag.

Ihre vier Kinder:

***Werner***, der Älteste, 17 Jahre alt,
***Martin***, 13 Jahre,
***Renate***, auch ‚Reni' oder ‚Mücklein' genannt, 7 Jahre und
***Justus-Günter***, auch ‚Nina' genannt, 3 Jahre alt.

Gertrud, das Pflichtjahrmädchen, von der Familie liebevoll ‚Trudel' genannt. Sie absolviert ihre Hauswirtschaftslehre in der Familie und steht Ilse hilfreich zur Seite.

**Hamburg, 16. Juni 1943**

Pfingsttage in der Heide. Sonne, junges Birkengrün und eine Wanderung in Ramesloh. Gebratene Hühnchen gibt es dort nicht mehr, aber das sogenannte Stammgericht schmeckt uns nach der weiten Wanderung auch sehr gut. Dann gibt es auch hier Alarm. Am Abend meldet das Radio Angriffe auf Kiel und Bremen – auf die schönen Tage ist ein Schatten gefallen.

Die Pfingsttage sind vorüber. Am Nachmittag mache ich mit den beiden Kindern einen Spaziergang an die Alster. Unser Haus im Schröteringksweg 17, zwischen Uhlenhorster Weg und der Averhoffstraße gelegen, ist nur wenige hundert Meter von der Außenalster entfernt. Es geht ein leichter Wind, Segelboote sieht man nicht mehr. Die Schwäne warten auf Futter, viel ist es nicht, was sie nebenher von den Spaziergängern bekommen. Die Türme stehen noch unversehrt am Horizont des klaren Himmels, ein friedliches Bild.

Der Alptraum des Krieges könnte verschwunden sein, aber in einem Winkel unseres Lebens ist er immer gegenwärtig. Dort lauert dieses Schreckgespenst Tag und Nacht. Einmal ist es nur wie eine Ahnung, dann bläht es sich auf und wird groß und unheimlich, verdunkelt den Himmel, erstickt jede Freude.

**19. Juni 1943**

Letzte Nacht hat es einen größeren Angriff gegeben, wir haben bis zum Morgen im Keller gesessen, während draußen die Flak (Flugabwehrkanone) tobte. Der Feind hat zum erstem Mal Hamburg mit einer größeren Anzahl Flugzeuge von Norden her angeflogen. Ein schwerer Angriff, man spricht von 33 Toten und 51 Verletzten. Eine Anzahl Häuser soll schwer getroffen sein. In unserer Umgebung sind keine Schäden entstanden.

Die Kinder sammeln Flaksplitter, neues Sammel- und Tauschobjekt der Jungs.

**20. Juni 1943**

Es gibt häufiger Alarm, auch in der Nacht zwischen zwei und drei Uhr, wenn wir im tiefen Schlaf liegen. Nun werden die Feindflüge ernster genommen. Für jedes Haus wird eine Luftschutzakte angelegt, mit genauer Personenangabe, damit man im Erstfall weiß, nach wem man suchen muss. Am Abend geistern Strahlenbündel der Scheinwerfer über den Himmel, die uns beunruhigen.

Die Mieter bilden Hausgemeinschaften für den Luftschutz. Es gibt einen Luftschutzwart, der Anordnungen erteilen kann, die auch der Hauseigentümer erfüllen muss. Es gibt Pflichtlehrkurse für den Brandschutz, in denen man erfährt, dass Brandbomben etwa 2000 Grad Hitze entwickeln sollen, man erfährt, wie Brandbomben zusammengesetzt sind. Doch wie man verhindern könnte, dass dieses Teufelszeug abgeworfen wird, erfährt man nicht. Das weiß anscheinend niemand.

**22. Juni 1943**

Heute hat Martin Geburtstag. Er wird 12. Ein Kindergeburtstag im Kinderverschickungslager in Rottach am Tegernsee, wo er jetzt mit seinem Bruder Werner ist. In Hamburg gibt es kaum noch Schulen. Die Kinder sind mit ihren Lehrern evakuiert, was man Kinderlandverschickung nennt. Unsere Schule ist in Bayern. Dort gibt es kaum Alarm, keine verlorenen Schulstunden. Keine verlorenen Schulstunden. Aber was geht diesen Kindern verloren an Liebe, an Zärtlichkeit und Geborgenheit in der Familie? Sie werden später nicht verstehen, weshalb das so hat sein müssen.

Jede Nacht befürchten wir einen Angriff und rennen bei Alarm in den Keller. Dort sitzen wir mürrisch herum und frieren. Die Entwarnung kommt manchmal schnell, manchmal nach endlos langer Zeit. Der Wehrmachtsbericht meldet dann Störflüge oder den Angriff auf eine andere größere Stadt. Hamburg haben die Flugzeuge bisher nicht berührt. Wir sind ärgerlich über die gestörte Nachtruhe und die Kinder reagieren nicht gerade günstig auf dieses häufige nächtliche

Kellererlebnis. Einmal wieder richtig schlafen können! Eine gute Tasse Kaffee trinken und in Ruhe ein gutes Buch lesen! Eine Woche ohne Alarm! Unerfüllbare Wünsche.

## 25. Juni 1943

Die Zeit wird knapp. Einmal jagt man hinter Stopfgarn her, ein Nährmittelabschnitt ist dafür aufgerufen worden. Nun wollen alle Leute Stopfgarn kaufen. Neue Strümpfe gibt es nicht, selbst wenn man die dafür notwendigen Punkte an der Kleiderkarte vorzeigen kann. So muss man eben stopfen, so lange das Garn reicht.

Heute morgen habe ich drei Stunden vor unserem Fischgeschäft gestanden. Einige Pfund grüne Heringe gab es für diese ‚Fleißarbeit'. Am Nachmittag stehen wir dann vor dem Gemüsegeschäft mit Familienablösung. Ich fange an, nach einer Stunde kommt Trudel, das junge Mädchen, das bei mir sein Haushaltspflichtjahr macht, und löst mich ab. Sie hat inzwischen das Mittagsgeschirr abgewaschen, ich kann nun mit den beiden Kleinen spazieren gehen. Zwei Pfund Mohrrüben, zwei Köpfe Salat und für die Kinder sogar ein Pfund Tomaten haben wir schließlich bekommen. Wenn das so weiter geht, bleibt uns keine Zeit, die so mühsam erstandenen Lebensmittel auch noch zu kochen und zu essen.

Wehrmachtsberichte über erbitterte und siegreiche Kämpfe. Siegreiche Kämpfe? Todesanzeigen mit dem eisernen Kreuz füllen oft ganze Seiten des Fremdenblattes. Ob siegreich oder nicht, durch die vielen Todesanzeigen erfährt man, dass es an einem Abschnitt der Front große Verluste nach schweren Kämpfen gegeben hat.

Bedrückend ist auch das Gerücht, dass Flugblätter gefunden wurden, in denen die Engländer die Vernichtung Hamburgs ankündigen und den Bewohnern raten, Kinder und alte Leute rechtzeitig aus der Stadt zu entfernen. Ob die Schulen deswegen mit ihren Lehrern evakuiert worden sind? Das Gerücht geht von Mund zu Mund, gesehen haben wir ein solches Flugblatt noch nicht.

**26. Juni 1943**

Wieder eine neues Gerücht. Ein Terrorangriff auf Hamburg sei in Vorbereitung. Es gibt nicht nur Hamburger, die Flugblätter finden, es gibt auch solche, die Feindsender abhören. Überall spürt man die Panikstimmung.

Wie gut, dass wenigstens die beiden großen Jungs nicht mehr in Hamburg sind. Aus Hamburg kommt man jetzt ohne Erlaubnis nicht mehr heraus. Die einzelnen Gebiete Deutschlands sind in Aufnahmebezirke eingeteilt. Den Heimatort kann man nur mit Genehmigung der NSDAP-Ortsgruppenleitung verlassen. Ohne diese Genehmigung bekommt man in keinem anderen Ort Lebensmittelkarten. Die Lebensmittelkarten binden uns an einen Ort, an ein bestimmtes Geschäft. Lebensmittel gibt es nur dort, wo man sich hat eintragen lassen. Neue Lebensmittelkarten gibt es bei einer neuen Anmeldung nur mit einer Beglaubigung beider Ortsgruppen. Der Ring ist geschlossen. Dieser Krieg nimmt Formen an, die beunruhigend sind. Ich wage kaum, an ein Überleben zu denken.

**29. Juni 1943**

Ab morgen werden wir Ferien bei ‚Onkel Adolf‘ im Wanderheim in Maschen machen. Onkel Adolf wird von allen Heidewanderern so genannt, die im Wanderheim eine längere oder kürzere Pause vom Kriegsalltag machen.

**Maschen, 30. Juni 1943**

Kurt hat Urlaub. Schlafen, schlafen, schlafen! Keinen Alarm hören oder ihn nicht beachten müssen. Keine Sorgen und kein Anstellen ums Essen. Für 5 Gramm Fettmarken gibt es einen Teller Bratkartoffeln, für ein freundliches Lächeln der Kinder kann man bei den Bauern Eier und Speck kaufen.

Pilze gibt es in diesem Jahr in der Heide mehr als wir essen können. Ein Teil der Pilze wird geputzt. Wir hängen sie an Schnüren zum Trocknen auf, als Wintervorrat.

**5. Juli 1943**

Der Sommer ist warm und schön wie schon so viele Jahre nicht mehr. Es gibt hier fast keine Menschen und keinen Alarm. Keine Kellernächte. Der kleine Nina hat heute Geburtstag. Zwei Jahre ist unser Kerlchen alt, zwei Jahre und er kennt viele gute Dinge noch nicht, die den großen Geschwistern so selbstverständlich waren. Heute hat er Erdbeeren geschenkt bekommen, die ersten Erdbeeren in diesem Jahr. Er findet sie sehr merkwürdig und stellt fest, dass ihm dies nicht schmeckt. Unser Nina ist ein Fleischesser und ein Stück Wurst wäre ihm lieber gewesen. Onkel Adolf kennt diese Vorliebe und am Abend gibt er auf Ninas Bratkartoffeln eine kleine Wurst, ohne die obligatorische Fleischmarke, nur so als Geburtstagsgeschenk. Die beiden Kinder sind braungebrannt, glücklich und vergnügt. Trudel hütet die beiden, während wir Pilze sammeln oder weite Wanderungen unterneh men. Unsere Trudel, sie ist selbst fröhlich wie ein Kind.

Am Abend, wenn die Kinder schlafen, sitzen wir auf der Anhöhe. Weit ist Hamburg, fern die Ängste der vergangenen Wochen. Der Krieg selbst, er könnte vergessen sein. Doch selbst hier hört man Alarm, nur einen Keller gibt es nicht. Auch in der letzten Nacht hörten wir über uns das Brummen der starken Feindmaschinen.

**Hamburg, 8. Juli 1943**

Hamburg hat uns wieder. Wie ich diese Stadt liebe! Schnell bin ich an die Alster gelaufen und habe einen Spaziergang um die Außenalster gemacht. Die Binnenalster ist für die Alsterdampfer gesperrt, sie ist durch große Tarnnetze verdeckt. Die Türme unserer Stadt stehen noch alle, noch fehlt keiner von ihnen. Ein tröstlicher Anblick. Auf dem Tennisplatz Ecke Hofweg ist ein großer Fesselballon installiert. Wenn er auf der Erde liegt, sieht er wie ein großer Elefant aus, der müde ist und schlafen möchte. Was mag dieser Ballon für einen Sinn haben? Tennis spielen geht nicht mehr, in den Räumen des Klubs sind gefangene Franzosen untergebracht.

**10. Juli 1943**

Kurt hat Geburtstag. Geburtstag ohne Geschenke, ohne Kuchen, ohne Gäste. Wir sind glücklich, weil er bei uns ist, glücklich, dass wir bei sammen sein dürfen, wenn auch nur für kurze Zeit.

**18. Juli 1943**

Ein verdrehter Tag heute. Nina hustet, Reni heult, das Essen ist angebrannt. Trudel hat jetzt ihren eigenen Urlaub. Sie ist zu einer Tante nach Wittstock gefahren. Ich bin allein mit den Kindern. Von den beiden großen Jungs noch immer keine Post.

Dann kommt der Luftschutzwart und verlangt: "Die Badewanne und sämtliche vorhandenen Eimer müssen mit Wasser gefüllt werden." Ich frage ihn: "Wo sollen wir baden? Was sollen wir tun, wenn diese Eimer zu ihrem eigentlichen Zweck gebraucht werden?" Aber er schüttelt nur den Kopf. "Befehl von der Ortsgruppe!"

**20. Juli 1943**

Eigentlich keine Zeit zum Schreiben. Reni und Nina beanspruchen mich den ganzen Tag. Ich komme wenig zum Nachdenken, dabei ist es im Augenblick ziemlich ruhig, es gibt wenig Alarm. Ob es stimmt, dass deshalb die schwere Flak von Hamburg nach Italien verlegt worden ist? Oder ist das auch nur wieder ein neues Gerücht?

Um die Bomberpiloten zu irritieren, wurden schon 1939 die Binnenalster und ein Teil der Außenalster mit einer provisorischen Holzabdeckung getarnt. Die Binnenalster sollte aus der Luft wie ein Teil der Innenstadt aussehen. Dadurch wurde die Lombardsbrücke praktisch zum Jungfernstieg. Eine ‚neue Lombardsbrücke' aus Brettern und Abfallholz wurde als Tarnung zwischen Gurlittinsel und Alter Rabenstraße in die Außenalster gestellt. So sollte wohl vom Bombenziel Hauptbahnhof abgelenkt werden. Dieser größte Bahnhof Norddeutschlands lag genau an der östlichen Auffahrrampe der Lombardsbrücke. Hatte man die Brücke im Visier, war es leicht, den Hauptbahnhof zu treffen. Erstaunlicherweise erhielten weder die echte noch die falsche Lombardsbrücke während des ganzen Krieges einen richtigen Treffer. Der versteckte Hauptbahnhof dagegen wurde häufig getroffen und brannte schließlich fast völlig aus. Diese Fehltrefferquote hat uns sehr erstaunt. Jeder wusste doch, dass über diese Brücke mitten in Hamburg ein großer Teil des Nachschubs der Wehrmacht nach Norden ging, in das besetzte Dänemark und zu den Fährhäfen nach Norwegen.

Die Zeit vergeht. Am 1. August kommt das Mücklein in die Schule. Das Ränzel hängt gepackt in der Diele. Schulkleid und Mäntelchen sind genäht und warten darauf, aus unserem Mücklein ein Schulkind zu machen.

Am 15. August wird auch unsere Trudel wieder da sein. Jetzt spüre ich, wie nötig ich ihre Hilfe brauche und wie wichtig ihre Fröhlichkeit für uns alle ist.

**22. Juli 1943**

Auf der Straße liegen riesige Sandhaufen. Die Hausgemeinschaften sollen diesen Sand gemeinsam auf die Böden tragen und dort gleichmäßig verteilen. "Anweisung von der Ortsgruppe", sagt der Luftschutzwart. Die Böden sind schon vor längerer Zeit entrümpelt und Türen und Zwischenwände entfernt worden. Die Ortsgruppe, also die Parteileitung, glaubt, wenn Brandbomben das Dach durchschlagen und auf den Hausboden fallen, wird es nicht so schnell brennen, wenn der Boden mit Sand bedeckt ist.

Es werden Kisten mit Sand aufgestellt und kleine Sandschaufeln dazugelegt. "Wenn eine Brandbombe gefallen ist, bitte Sand drauf streuen. Dann ist die Bombe gelöscht und das Feuer kann sich nicht ausbreiten." Meint jedenfalls die Ortsgruppe. Wir aber haben im Brandschutzkurs gelernt, dass eine Brandbombe 2000 Grad Hitze entwickeln soll. Außerdem haben wir schon lange keinen so heißen Sommer mehr gehabt wie dieses Jahr. Man riecht die kochende Dachpappe und das trockene Holz. Aber alle schleppen gehorsam den Sand, der Schweiß rinnt in Strömen. Ich kann mir gut vorstellen, was jetzt jeder denkt.

Unser Nachbar, der alte Studienrat spricht es aus: "So ein Blödsinn. Wir sind doch keine kleinen Kinder. Das brennt hier doch alles wie Zunder weg, wenn nur ein Fünkchen fällt, geschweige denn eine Brandbombe!" Alle hören mal schnell weg. Nach einer Weile verkündet der Luftschutzwart: "Ende für heute. Nächstes mal machen wir weiter." Unser Luftschutzwart ist ein vernünftiger Mann, denken wir ...

**24. Juli 1943**

Sonnabend. Draußen scheint die Sonne. Drüben auf dem Spielplatz lärmen die Kinder, deutlich höre ich die helle Stimme meiner Tochter Reni. Der kleine Nina sollte sein Mittagsschläfchen machen, aber er singt in seinem Bettchen. Von nebenan hört man das Ticken der Uhr. Vor kurzem hat es vier geschlagen, der Ton hängt noch in der Luft. Noch sind uns alle Dinge vertraut, die uns umgeben. Wie lange noch? Es ist eine Gnade, dass der Mensch nicht weiß, was die Zukunft bringt, sonst würde er schon im Voraus verzweifeln. Lustlos habe ich heute morgen die Sonnabendeinkäufe gemacht. Seit Wochen hängt eine düstere Ahnung über unserer Stadt. Sind es wirklich nur Gerüchte, oder ist es mehr?

Ein Schmetterling taumelt durch den Raum und landet auf den Rosen, die vor mir auf dem Schreibtisch stehen. Still sitzt er im Sonnenschein, leise vibrieren seine Flügel. Wie schön er gezeichnet ist: ein Pfauenauge. Jetzt breitet er die Flügel aus und sucht seine Freiheit, aber er fliegt gegen die Fensterscheibe. Wieder und immer wieder. Behutsam setzte ich ihn draußen auf die Geranien. "Wir sind Kameraden, kleiner Schmetterling, auch wir fliegen gegen eine dunkle Wand und warten auf eine schützende Hand, die uns den Frieden wiederbringt." Jetzt werde ich Nina anziehen und mit ihm auf den Spielplatz gehen. Alles Grübeln ist zwecklos.

Ab Abend sitzen wir hinten auf dem Balkon. Die Luft hat sich kaum abgekühlt. Irgendwo spielt jemand Ziehharmonika, verwehte Klänge ziehen zu uns herüber. Leise rauscht die alte Ulme. Schlafenszeit. Ob es wieder Alarm gibt? Wahrscheinlich das Übliche. So geht es schon eine Zeitlang: um zwei Uhr Alarm, eine halbe Stunde später Entwarnung. Nervenkrieg, nichts weiter. Über uns ein klarer Himmel, die Sterne flimmern hoch oben zwischen den Häusermauern. Der Mond kommt heute spät. Die Betten der beiden Großen stehen unberührt, keine Unordnung, nur Stille. Haben sie Heimweh? Oder sind sie krank? Post kommt so selten. Ich stehe hier und weiß es nicht. Eine ewig nagende Sorge, nur für eine kurze Zeit gestillt, wenn der Briefträger einmal von ihnen Post gebracht hat, die immer das Gleiche sagt: "Es geht uns gut hier."

Das Mücklein liegt ausgestreckt in ihrem Bett. Die blonden Haare umgeben ihr Gesicht, leise bewegt von den Atemzügen. Sorgsam geschichtet ihre Sachen. Über der Bettlehne das Luftschutzmäntelchen und die Umhängetasche mit den notwendigen Kleinigkeiten. Die geliebte Puppe in der Decke zu einem Paket gerollt. Nina, unser kleiner Dicker, liegt in seinem Paidibett zusammengerollt wie ein Rollmops. Kleine Schweißperlen auf der Stirn, aus seinem Mäulchen kommt ein leises Schnaufen.

So schlafen jetzt die Kinder dieser Stadt, in vielen Städten und auf dem Lande. In einigen Stunden werden zitternde Hände sie aus ihren Betten holen, sie in kalte Keller oder Bunker schleppen, sie dort schreckliche, qualvolle Stunden verbringen lassen, die sie vielleicht nie vergessen werden.

Nun noch das Luftschutzgepäck bereitstellen, Tee in die Thermosflasche gießen. Aber vielleicht können wir dieses Mal eine Nacht ruhig durchschlafen. Denn obwohl es in den letzten Nächten regelmäßig Alarm gab, ist kein Angriff auf Hamburg erfolgt.

Ich träume, ich stehe am Ufer, ein Dampfer schwimmt weit draußen auf der See und lässt seine Sirene ertönen. Plötzlich merkte ich, dass ich nicht mehr träume. Die Sirene heulte wirklich: Alarm! Schauerlich klingt das zwischen den Mauern, wieder und immer wieder. Ich kann mich nicht daran gewöhnen. Das Herz rast, die Hände werden eiskalt. Kurt schläft tief und fest, er will nicht aufstehen. In den letzten Nächten hat es so oft Alarm gegeben und bald darauf wieder Entwarnung. Er dreht sich um und schläft sofort wieder ein. Ein Blick auf die Uhr: Es ist kurz vor Mitternacht. Eine ungewöhnliche Zeit. Ich habe keine Ruhe mehr. Kurt wird unbarmherzig aus dem Schlaf gerüttelt. Die Kinder müssen in den Keller gebracht werden. Nina wird schlafend in seinen Kinderwagen gelegt und hinuntergeschleppt.

Während Kurt die Koffer in den Keller bringt, versuche ich, das Mücklein anzuziehen. Ich schaffe es nicht mehr. Schon fallen in der Nähe Bomben, man spürt die Erschütterung deutlich. Für einen Moment geht das Licht aus, die Flak schweigt immer noch. Da pfeift es schon wieder. Von Entsetzen gepackt, raffe ich einige Kleidungsstücke zusammen, Kurt nimmt unsere Tochter auf den Arm und wir flüchten in den Keller. Hinter uns fallen klirrend die Scheiben des Lichtschachts ins Treppenhaus. Der Luftschutzkeller ist noch dunkel. Außer uns hat bis jetzt noch niemand darin Schutz gesucht. Während draußen ein Bombenhagel niedergeht und die Flak endlich ihr Höllenlied anstimmt, erscheinen die anderen Bewohner des Hauses.

Still sucht sich jeder ein Eckchen und vervollständigt seine mangelhafte Kleidung. Keiner versucht wie sonst, einen Kommentar zur Lage zu geben. Wir schauen uns an und wissen, draußen geht der Tod um und hält reiche Ernte.

Serienabwurf! Die erste Bombe schlägt auf, dann kommt die zweite, sie schnarrt und pfeift, oben stürzt etwas um. Wenn man die dritte Bombe nicht hört, dann gilt sie uns. Bomben die treffen, hört man nicht mehr. Das Haus bewegt sich, die Versteifungen des Kellers knarren. Jetzt kommt noch ein Einschlag, wieder ganz in der Nähe. Aber das Haus steht noch. Ich bin nass vor Schweiß. Ich fürchte mich. Vor dem Sterben? Der wirkliche Tod muss Erlösung sein, Erlösung vor diesem grauenvollen Warten auf ihn.

Ein eiskaltes Händchen fährt mir übers Gesicht, mein zitterndes Mücklein klammert sich an mich. Ich tauche auf aus dem Abgrund, in den meine Angst mich gestoßen hat. In seinem Wagen wimmert Nina leise vor sich hin. Ich nehme den kleinen Kerl auf meinen Schoß. Eng drückt er sich an mich. "Was erzählen" murmelt er und seine Augen sehen mich vertrauensvoll an. Was soll ich nur erzählen? Mir fällt nichts ein. Mein Mund formt Worte, deren Sinn mir fremd bleibt. Doch die Kinder werden ruhiger. So lange die Mutter erzählt, ist noch ein wenig Ordnung in dieser für sie jetzt so unbegreiflichen Welt.

Ich aber lausche angstvoll nach draußen. Wieder ein Einschlag, viel stärker als bisher. Sollten das Minen sein? Und noch so ein schwerer Einschlag. Man hört wie die Wände knirschen, sich zu verschieben scheinen. Sollten die Engländer dieses Mal wirklich Minen auf Hamburg werfen? Was haben wir getan, dass man uns so quält? Wir wollten keinen Krieg. Ich nicht und die anderen, die mit uns hier im Keller sitzen, auch nicht. Habe ich laut gedacht, dass ich darauf eine Antwort erhalte? Der alte Studienrat, der neben mir auf seinem Lehnstuhl sitzt, sagt: "Unser persönliches Ich ist nicht gemeint, wenn wir jetzt hier mit Bomben beworfen und getötet werden. Deutschland ist das Ziel der Vernichtung und Deutschland wird unser Schicksal heißen." Er hat Recht, aber wir sind weit entfernt von dieser Auffassung. Wir sitzen hier und zittern vor Angst und Grauen. Jeder fühlt in diesem Augenblick sein eigenes, sein persönliches Schicksal. Wenn wir heute hier sterben müssen, ist es unser eigener Tod, den wir erleiden. Ob es in hundert Jahren jemand würdigt, dass wir für das ‚Tausendjährige Reich' geopfert wurden, ist jetzt völlig gleichgültig. Die Geschichte berichtet vom ‚Dreißigjährigen Krieg', wir lernen in der Schule, dass es ihn gab. Aber wer denkt dabei heute noch an Einzelschicksale, an das persönliche Leid?

Minuten werden uns in diesem Keller zu Ewigkeiten. Endlich wird es draußen still. Wir sitzen und warten auf den erlösenden Ton der Entwarnung, doch heute ist ein seltsam banges Gefühl dabei. Was werden wir vorfinden? Wir alle wissen, dass wir einen solchen Angriff noch nie erlebt haben. Nachdem das lähmende Entsetzen weicht, beginnen hier und da die Gespräche. Es erhebt sich die Frage, was wahr ist an den Gerüchten, die unter der Oberfläche brodeln. Könnte dies wirklich der Anfang vom Untergang unserer geliebten Stadt sein?

Entwarnung. Laut hallend tönt die Sirene. Während wir sonst bemüht sind, den Keller schnell wieder zu verlassen, erfolgt der Aufbruch heute nur zögernd.

In der Wohnung brennt noch das Licht, beleuchtet ein wirres Durcheinander von Glassplittern, zerstörten Fensterrahmen und umgekippten Möbelstücken. Die Gardinen sind halb heruntergerissen, die Verdunklungsrollos zerfetzt. Aber wir leben noch und sogar das Telefon ist in Ordnung. Anstatt ins Bett zu gehen, fangen wir an, der Wohnung wieder ein menschenwürdiges Aussehen zu geben. Froh, uns endlich wieder bewegen zu können, beginnen wir mit den Aufräumarbeiten. Der wirkliche Schaden, den wir davongetragen haben, kommt uns noch gar nicht zu Bewusstsein. Viele Menschen, die gestern noch froh und gesund waren, erleben den Anbruch dieses neuen Tages nicht mehr.

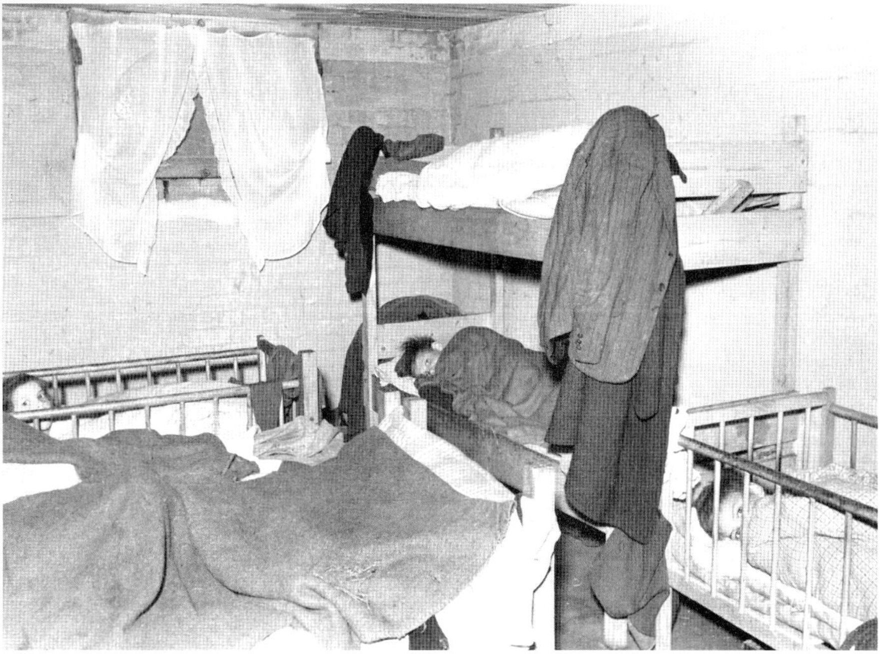

Die Kellerräume unter den Wohnhäusern wurden zu Luftschutzkellern umgebaut. Wie in einem Bergwerksstollen stützen Stempel aus Holzbalken die Decke, um den Keller beim Einsturz des Hauses zu erhalten. Die Kellerfenster waren zugemauert. Viele Luftschutzkeller hatten mit der Zeit richtige Schlafräume. Trotzdem wurde für viele Hamburger der Luftschutzkeller zum Grab, wenn die Kellerdecke dem zusammenbrechenden Haus nicht standhielt.

**25. Juli 1943**

Sonntag, Ewigkeiten liegen zwischen gestern und heute. Über allem hängt der Geruch von Rauch und verbrannten Sachen. Die Sonne hat heute keine Kraft. Es ist schon Mittag und noch immer ist es ihr nicht gelungen, die Schicht aus Rauch und Asche zu durchdringen. Eine unbeschreibliche Beleuchtung: Ein fahles, gelbes Licht prägt alles bis zu einer Unwirklichkeit, die allmählich erdrückend wirkt.

Bis 12 Uhr mittags waren wir schon zwei Mal im Keller. Die Sirenen funktionieren nicht mehr. So hört man zuerst das Schießen der Flak und dann jagt ein Auto mit Sirenengeheul durch die Straßen und man weiß nicht einmal, ob das Warnung oder Entwarnung bedeutet. Die Unsicherheit wird immer größer, man fühlt sich hilflos und verlassen.

Von nebenan erklingen Hammerschläge, Kurt vernagelt die Fenster mit Brettern und Pappe. Ich gehe auf den Balkon, unter meinen Füßen knirscht es. Der Boden des Balkons ist mit Asche, Sandkörnern und Papierfetzen bedeckt. Die Blätter der Geranien sind grau geworden, das leuchtende Rot der Blüten ist fahl und stumpf. Zufällig entdecke ich den Schmetterling von gestern. Er ist tot. Erloschen die strahlenden Farben, starr und bröckelig die zarten Flügel. War es erst gestern, da er auf meinem Rosenstrauß saß und mir wie ein Bote des Lebens erschien?

Ab und zu ist draußen ein wüstes Geschieße der Flak, dazwischen fallen auch Bomben. Nicht in der Nähe, aber man spürt die Erschütterung des Luftdrucks. Wenn ich mir unsere Wohnung ansehe, frage ich mich: Hat es überhaupt einen Sinn, dieses Chaos wieder in Ordnung zu bringen? Und wofür?

Die Kinder haben Hunger, die Mittagszeit ist längst vorbei. Kochen ist heute auch eine Angelegenheit, die sich nicht auf normale Weise erledigen lässt. In der Küche gibt die winzige Gasflamme keine Hitze, die zum Kochen ausreichen würde. Seit Stunden steht das in winzige Teile zerschnittene Sonntagsessen auf dem kleinen Flämmchen und kocht auch nach Stunden noch nicht. Wahrscheinlich ist ein Teil der Gaswerke zerstört oder Hauptleitungen getroffen. Ich gebe auf ...

Suppenausgabe auf der Moorweide. Um die Überlebenden an den vielen Sammelstellen möglichst schnell zu versorgen, wurden in den Kasernen die verfügbaren Gulaschkanonen auf Lastwagen geladen und in die zerstörten Bezirke transportiert. Aber auch in den noch unversehrten Stadtteilen brach die übliche Versorgung mit Lebensmitteln fast zusammen, da viele Hauptstraßen durch Trümmer versperrt und Brücken unpassierbar geworden waren.

Damit wir endlich etwas Warmes bekommen, koche ich Tee im elektrischen Topf, denn das Lichtnetz ist noch in Ordnung. Das Radio unterscheidet sich in seinem Programm nicht von anderen Tagen. Im Wehrmachtsbericht heißt es nur kurz: "In der Nacht erfolgte ein größerer Angriff auf Hamburg."

Es ist mir gelungen, die Kinder zum Schlafen zu bringen. So will ich die Zeit nutzen und mich in unserer nächsten Umgebung umsehen, wo weniger passiert ist, als wir im Keller annahmen. Die Hochbahn von Mundsburg fährt nicht, irgendwo ist das Schienennetz zerstört. In der Hamburger Straße geht das Leben weiter, hier und da schwelt ein Brand, liegen verkohlte Balken. Wo einige Menschen zusammenstehen, wird geflüstert. Es sind die Hamburger, die mehr darüber wissen, was in unserer Stadt in der letzten Nacht geschah. Da ich auch mehr wissen möchte, stelle ich mich an den Rand einer Gruppe.

Besonders schlimm soll es auf der anderen Seite der Alster gewesen sein. Die Bahn nach Lübeck fährt nur von Wandsbek ab und nach Berlin kann man erst in Tiefstack einsteigen, weil die Brücke am Berliner Tor zerstört ist. Einige Leute behaupten sogar, dass Hagenbeck getroffen wurde. Tiere sollen sich befreit haben und nun eine zusätzliche Gefahr sein, auch das Schlangenhaus soll zerstört sein. Die Bevölkerung wird um erhöhte Aufmerksamkeit gebeten. Die Nikolaikirche am Hopfenmarkt brennt, die Kirche von St. Georg an der Koppel ist eingestürzt. Man kann diese Gerüchte jetzt nicht nachprüfen. Oft muss ich überlegen, ob das nicht alles nur ein Angsttraum ist. Doch ich komme immer wieder zu dem Resultat: es ist eine böse, grausame Wirklichkeit.

Es gibt auch Fragen, die nicht beantwortet werden können: Warum schwieg die schwere Flak? War sie tatsächlich nach Italien verlegt worden? Und haben die Engländer das erfahren und deshalb den Angriff so ausgeführt, wie wir ihn erlebt haben? Von allen Funkstellen wird berichtet, dass die Geräte aussetzten oder verrückt spielten. Eine Erklärung dafür gab es nicht. Aber es gab diese schwarzsilbrigen Folienstreifen, die am Sonntagmorgen überall herumlagen. Waren es womöglich diese merkwürdigen Streifen, die die Funkpeilung so verwirrten, dass ein gezieltes Eingreifen der Flak nicht möglich war?

Aufräumarbeiten. Zuerst wurden Verschüttete ausgegraben und die Verwundeten abtransportiert. Nächste wichtige Aufgabe war das Freiräumen der Straßen, um beim nächsten Angriff der Feuerwehr und den Rettungs- und Bergungsfahrzeugen ein schnelles Durchkommen zu ermöglichen. Trotzdem blieben die Rettungswagen nach einem Bombenangriff häufig in den Trümmern einer Straße stecken und kostbare Zeit ging verloren.

Viele Menschen sind unterwegs. Trotzdem ist es ruhig, der übliche Lärm der Großstadt fehlt. Die Leute sprechen kaum, entweder sind sie mit ihren Gedanken beschäftigt oder ihre Sinne sind noch stumpf von den Erlebnissen der letzten Nacht.

An der Ecke Averhoffstraße treffe ich einige Bewohner unserer Straße. Auch sie haben Erkundigungen eingeholt. Ganze Stadtteile sollen die Engländer in der letzten Nacht vernichtet haben. Hamm, Horn und Eimsbüttel werden genannt – und Altona.Von Phosphor- und Flammenstürmen hat man gehört. Berge von Toten sollen auf den Straßen liegen. Verbrannt, erstickt, auf der Flucht von dem Unheil eingeholt. Man kann nicht alles glauben, was man hört. Aber wenn auch nur ein Teil davon stimmt, ist es grauenvoll genug. Ich habe viel mehr erfahren, als ich erwartet hatte. Ich beginne, mir Sorgen um die Schwiegereltern in Altona zu machen. Da das Telefon noch funktioniert, versuche ich, die Verbindung herzustellen. Aber so bald ich die betreffende Nummer gewählt habe, schweigt das Telefon, die Verbindung ist unterbrochen. Ich bespreche diese neue Schwierigkeit mit Kurt. Er nimmt sein Fahrrad und will nach Altona fahren, nachsehen, was mit seinen Eltern ist. Diese Ungewissheit ist furchtbar.

Im Haus ist es ruhig, auf der Straße auch. Ich reiße das letzte Kalenderblatt ab. Sonntag ist heute, stelle ich fest. Die Rosen duften als wäre nichts passiert seit Freitag, als ich sie kaufte. Ich stelle das Radio an. Der Reichssender Hamburg schweigt. Der Deutschlandsender bringt Tanzmusik. Diese Musik quält mich, ich kann sie nicht hören. Ich drehe weiter, ein Vortrag. Ich erfasse den Sinn nicht, aber es ist eine menschliche Stimme. Die Stille ist unheimlich.

Die Kinder sind unlustig. Spielen können sie nicht, die Fenster des Kinderzimmers sind mit Pappe vernagelt, und auf den Spielplatz wollen sie nicht. Sie sind ängstlich und möchten in meiner Nähe bleiben. Ich lege sie wieder ins Bett und setze mich zu ihnen. Sie haben sich aneinander gekuschelt, als wenn sie sich zusammen stärker fühlen. Ich bleibe bei ihnen, bis sie eingeschlafen sind. Dann bin ich wieder allein mit meinen Gedanken. Auch Kurt sucht mit seinem Rad einen Weg durch die zerstörte Stadt zu seinen Eltern. Die Flurklingel! Ob das Kurt ist? Dann ist er nicht weit gekommen und musste wieder umkehren.

Der Hamburger Hauptbahnhof. Im Vordergrund die Teile der zerstörten Tarnanlage, unter der der Hauptbahnhof ‚versteckt' wurde.

Drei Menschen stehen vor meiner Tür, sie bitten um Unterkunft. Auf einem grünen Zettel steht eine Einweisung für zwei Personen. "Zwei?" frage ich und mein Blick streift einen dritten. Ein alter Mann ist in trostloser Haltung im Hintergrund stehen geblieben. "Das ist unser Vater. Er ist fast taub und niemand will ihn allein aufnehmen. Er kann noch nicht begreifen, was uns zugestoßen ist. Seit heute morgen sind wir auf Quartiersuche. Und hier gibt es auch nur zwei Betten?" Ich überlege, zwei Betten der Jungs. Aber Trudel hat Urlaub und ihr Zimmer ist im Augenblick frei. Es wird ja nur eine Zwischenlösung sein. Also gebe ich ihnen für kurze Zeit ein drittes Bett.

Als dem alten Mann bedeutet wird, dass auch er bleiben kann und jetzt ausruhen darf, rollen ihm Tränen aus den Augen. Er drückt meine Hände, dass es weh tut. Dieser alte Mann hatte eine Villa ‚Am Langenzug'. Er hat in der letzten Nacht alles verloren, was er besaß. Nicht nur große Werte, auch alle Dinge, an denen alte Menschen so besonders hängen, die Zeugen eines langen Lebens. Achtzig Jahre ist er und jetzt hilflos wie ein Kind. Der Sohn hat gerade Urlaub von der Front, das Kind der jungen Leute ist in Bremen bei den Eltern der Frau. Sie wollten in diesen Tagen etwas Zeit für sich selbst haben – und jetzt ...

Spät am Abend kommt Kurt zurück. Seine Hose hat einen Riss, er hat Schürfstellen an den Händen und im Gesicht. "Was ist geschehen?" Er schüttelt den Kopf und schweigt. Die Eltern hat er gefunden, dort ist alles in Ordnung. Aber die Wohnung seiner Schwester Annchen in Eimsbüttel ist völlig zerstört, doch sie und ihr kleines Mädchen leben. In den nächsten Tagen wollen alle nach Wittenburg bei Hagenow fahren, wo Annchen ein Sommerhäuschen hat. Dann holt Kurt ein unförmiges Paket. Aus Decken und Zeitungspapier schält er einen Topf mit warmem Essen. Seine Mutter hat für uns gekocht, sie hat einen Kohlenherd in ihrer Küche. Das Essen reicht für alle, auch unsere Gäste erhalten ihren Anteil.

Heute Abend bringen wir das Luftschutzgepäck schon früh in den Keller. Falls es wieder schnell gehen muss, sparen wir Zeit. Nach einer kurzen Besprechung mit dem Hausmeister Herrn Hagge, der auch Luftschutzwart ist, prüfen die Männer die Gasklappen und die Türen. Kurt zeichnet mit Kreide einen möglichen Mauerdurchbruch an. Mor-

Schon sehr bald nach den ersten großen Bombenangriffen waren viele Stadtteile ohne Wasser. Zum Teil hatten Bomben die unter dem Straßenpflaster liegenden Leitungen zerstört. Aber oft zerdrückten auch die zusammenstürzenden Häuser die Rohre oder brachten sie zum Platzen. Der Druck in den Leitungen fiel ab und die Wasserhähne versiegten. Wassertankwagen wurden eingesetzt und viele stillgelegte Brunnen, die es aus der Zeit vor dem großen Brand von 1842 noch gab, wieder in Betrieb genommen. Übrigens: unter dem Großneumarkt entspringt ein kleiner Bach, die Thielbek. Von dieser Quelle aus wurden der Großneumarkt und die Brüderstraße bis hin zum alten Steinweg versorgt. Der Straßenname Thielbek weist auf diese Quelle hin.

gen will Herr Hagge Leuchtfarbe besorgen, damit man die Linien erkennen kann, falls das Licht versagt. Die Geräte für einen Durchbruch werden bereitgestellt. In der früheren Waschküche, die jetzt Luftschutzraum ist, steht noch der alte Waschkessel. Der wird mit Wasser gefüllt, Decken und Tücher werden griffbereit in die Nähe des Wassers gelegt. Wenn Kurt auch nicht über die Erlebnisse und Erfahrungen seiner Fahrt nach Altona sprechen will, so scheint er sich doch manches überlegt zu haben. Mein Blick streift abwägend die Abstützungen der Kellerdecke, die mehr als primitiv sind. Ob diese Kellerdecke hält, wenn das Haus zusammenstürzt? Später schläft Kurt tief und fest, während ich noch lange von quälenden Gedanken wachgehalten werde.

**26. Juli 1943**

Montag. Als ich aufwache ist heller Tag, die Fenster des Schlafzimmers sind weit geöffnet. Draußen scheint die Sonne, irgendwo lockt eine Amsel. Im Haus schlägt eine Tür, Füße laufen die Treppe hinab. Mir ist leicht zumute. Gab es heute keinen Alarm oder habe ich ihn verschlafen? Sollte ich die Sirenen nicht gehört haben? Im Esszimmer sitzt Kurt mit unseren Gästen beim Frühstück. "Na, ausgeschlafen?", werde ich begrüßt.

Es ist uns allen leichter zumute. Wir möchten gern hoffen, dass wir eine Zeitlang Ruhe vor Alarm und Angriffen haben werden. Die anderen Bewohner des Hauses scheinen auch erwacht zu sein. Meine Nachbarin von gegenüber bringt uns einen Kessel heißes Wasser. Gas gibt es immer noch nicht, aber sie hat einen Kohlenherd in der Küche.

Die Fenster des Kinderzimmers sind weit geöffnet und lassen die Sonne hinein. Mücklein und Nina spielen. Sie heulen und brüllen und kriechen mit ihren Puppen unter den Tisch. Sie spielen Alarm und unter dem Tisch ist ihr Luftschutzkeller. Nina muss Bauklötze werfen und ganz ernsthaft erklärt mir mein Mücklein, das seien Bomben. Der schöne Tag ist mir verleidet. Kann sich denn niemand mehr aus dieser entsetzlichen Zeit lösen? Auch die Kinder nicht?

Die Hamburger Straße vor dem ehemaligen Kaufhaus Karstadt-Barmbek, das durch einen Bombenvolltreffer komplett zerstört wurde. Im Hintergrund die stehen gebliebene Rückwand des Gebäudes mit dem Treppenhaus. Im Luftschutzkeller hatten in dieser Bombennacht mehrere hundert Menschen Schutz gesucht und wurden durch das einstürzende Haus verschüttet. Die schweren Betondecken brachen alle bis auf den Keller durch und machten eine Rettung der Menschen unmöglich. Viele, die vor diesem Angriff dort Zuflucht gesucht hatten, kamen ums Leben. Die Soldaten, die im Vordergrund zu sehen sind, waren in den zerstörten Stadtteilen zu Bergungsarbeiten eingesetzt, um Verschüttete auszugraben. Heute steht hier das Einkaufszentrum Hamburger Straße.

In der Hamburger Straße wird eingekauft. Es ist das gewohnte Bild. Sonderzuteilungen sind für die tapferen Hamburger aufgerufen worden: 50 Gramm Tabak und 50 Gramm Bohnenkaffee selbstverständlich – und drei Tage Sonderverpflegung. Aber das Brot ist knapp, weil einige Brotfabriken ausgefallen sind. Als ich zu dem Geschäft komme, wo unsere Lebensmittelkarten eingetragen sind, finde ich nur einen mit Wasser gefüllten Bombentrichter vor. Die Zweigstelle unserer Sparkasse ist ausgebrannt. Unten im Safe sind meine Schmucksachen und unsere Papiere. Auf der Kellerdecke türmen sich meterhoch Mauerbrocken und dazwischen ein Gewirr von Rohren und Eisenstangen. Dies ist der erste Schlag, der uns persönlich trifft. Ich brauche Geld, der Monat ist fast zuende und mit den Resten des Wirtschaftsgeldes würden wir nicht weit kommen. Im Unterbewusstsein habe ich immer noch den Wunsch nach Flucht. Über diese Möglichkeit kann man nicht real nachdenken, denn die Entscheidung darüber ist nicht in unsere Hand gegeben.

Auf der Straße haben sich einige Frauen aus der Nachbarschaft zusammen gefunden. Sie besprechen die Lage. Mittlerweile weiß man auch viele Einzelheiten von verlässlichen Menschen. In fast allen Wohnungen sind Einquartierungen erfolgt, Verwandte sind gekommen und haben um Aufnahme gebeten. Dies sind Menschen, die wissen, was wir nur ahnen können. Soll man Hamburg verlassen? Aber wie? Und wohin?

Die jungen Eheleute, unsere Gäste, sind unterwegs. Sie wollen feststellen, welche Möglichkeiten es in der jetzigen Lage für sie gibt. Ich sitze mit dem alten Mann hinten auf unserer Veranda. Von dort aus gesehen ist die Welt noch in Ordnung. Die Ulme steht noch und es zwitschern sogar irgendwo Vögel. Ich weiß nicht, was ich mit unserem Gast sprechen könnte und ob er mich überhaupt versteht. Ich weiß, was ihn unglücklich macht, aber ich weiß keinen Trost für ihn und für mich. Am Abend kommen seine Kinder zurück. Sie bringen ein großes Paket gut belegter Brote mit. Die NS-Frauenschaft hat in einer Schule eine Verpflegungsstelle eingerichtet. Dort gibt es Bohnenkaffee, warmes Essen und belegte Brote. Aber nur an Totalgeschädigte mit Ausweis, nicht an uns. Wir können zwar auch nicht kochen, aber unser Haus steht noch und ist bei der Ortsgruppe nicht als zerstört gemeldet.

Diese jungen Leute haben schon einen Ausweis über ihren Bombenschaden erhalten. Sie werden sofort mit der Aufstellung ihres Schadens beginnen. Der alte Vater sitzt traurig und teilnahmslos dabei. Sein Leben ist wertlos geworden ohne all die kleinen Dinge des Lebens. Nichts findet er mehr, an dem sein Erinnern eine Stütze hat. Verstehen kann er nicht, was seine Kinder sprechen. Er wundert sich, dass ihre Gesichter so frisch und straff sind und er keine Trauer oder Wehmut darin findet. Einige Male schüttelt er den Kopf – seine Welt ist zusammengestürzt. Morgen früh wollen die jungen Leute sich Bezugsscheine für Kleidung und Hausgerät holen. Wohnungen sind ihnen auch schon angeboten worden. Viele Hamburger warten nur auf eine Gelegenheit, Hamburg zu verlassen und möchten ihre Wohnung gerne vertrauenswürdigen Leuten in Obhut geben, bis sie wieder zurück in ihre Stadt kommen können. Die beiden sind jung. Sie brauchen noch keine Erinnerungen. Dann muss man eben wieder von vorn anfangen.

Um elf Uhr gibt es Alarm, eine halbe Stunde später ist Entwarnung.

Post scheint uns auch nicht mehr zu erreichen. Meine Gedanken sind bei den beiden Söhnen in Bayern. Sollten sie von dem Großangriff auf Hamburg gehört haben? Werden sie sich Sorgen machen? Irgendwie müssen wir versuchen, diesen Brief von Kurt aufzugeben.

*Hamburg, den 24. Juli 1943*

*Liebe Jungs,*
*Sonnabend nachts um halb ein Uhr hat sich nach einem Jahr ein Terrorangriff auf Hamburg wiederholt. Nur ist es diesmal etwas schlimmer, insofern ganze Stadtteile in Schutt und Trümmer gelegt wurden.*

*Hier in Uhlenhorst sind nur einzelne Straßenteile in Mitleidenschaft gezogen worden, z. B. Mundsburger Damm Ecke Immenhof. Das Haus von Peter App ist getroffen worden. Das Haushaltswarengeschäft im Parterre ist etwas durcheinander geraten. Dem Glas und Porzellan ist es vielleicht nicht gut bekommen. Die Luftminen haben viele Scheiben eingedrückt, bei uns nur im Esszimmer.*

*Die anderen Fenster und Türen wurden aufgerissen, so dass die Scheiben heil blieben. Wir sind also bisher noch am besten weggekommen.*

*Bei Oma Lieschen am Grindelhof und den Großeltern in der Glücksburger Straße in Altona sieht es schlimmer aus. Die Häuser selbst stehen noch, in der Umgebung brennen aber die Trümmerhaufen. Wir haben jetzt nicht nur in der Nacht, sondern auch am Tage öfter Alarm, wobei meistens Bomben fallen. Obgleich unsere Wohnung zu klein ist, hat Mama drei Obdachlose aus dem Langen Zug 15 aufgenommen. Die Leute haben ihre ganze Villa mit Inhalt verloren. Unser Freund Herr Grondowski wurde vom brennenden Eppendorfer Krankenhaus einfach nach Hause geschickt.*

*Ohne Brille kann man hier gar nicht rausgehen, da der Sott und der Ruß einem sonst in die Augen fliegen. Obwohl am Sonntag Morgen über der Alster die Sonne schien, kam sie über Hamburg wegen dem Rauch und dem Qualm nicht durch. Es herrschte eine gelbe und düstere Finsternis. Unser Fenster im Herrenzimmer ist mit einem Pappkarton zugenagelt. Mein Kollege Stöger konnte aus Timmendorf nicht nach Hamburg rein und ich komme nicht raus, obgleich ich heute zu Tante Annchen nach Wittenburg fahren wollte, um Johannisbeeren zu holen.*

*Wahrscheinlich werden viele Hamburger evakuiert, wenn Hamburg zum Kriegsgebiet erklärt wird. Wir bekommen nun 50 Gramm Tabak und 50 Gramm Bohnenkaffee zugeteilt. Ebenso für drei Tage Verpflegung zusätzlich. Das Gas brennt schlecht, so dass Mama nichts Anständiges kochen kann und bei Tante Schulz oder Frau Biegmann (Nachbarinnen) auf dem Kohleherd etwas kochen muss. Durch den langen Alarm wird Mutti mit ihrer Hausarbeit gar nicht mehr fertig, da Trudel im Urlaub ist und nebenbei muss sie noch einkochen, die gesammelten Pilze zum Trocknen fertig machen und Obst ranschaffen, damit wir im Winter etwas zu essen haben.*

*Ich hoffe, es geht Euch gut,*
*herzliche Grüße,*
*Euer Vater*

Das Alstertor, Ecke Hermannstraße, im Morgengrauen nach einem Bombenangriff. Die Häuser wurden nicht zum ersten Mal getroffen. Es brennen die notdürftig hergerichteten Räume im Parterre und die Holzbuden auf den unzerstörten Kellern. Niemand kann heute mehr sagen, unter welchen Umständen solche Fotos entstanden, ob es offiziell Beauftragte der Partei waren, des Luftschutzes, des Staatsarchivs, Bewohner der zerstörten Häuser oder Passanten, die diese Aufnahmen heimlich machten.

**27. Juli 1943**

Dienstag. Das wird heute kein guter Tag. Am Morgen gibt es schon Alarm. Dann erscheint der Luftschutzwart und ersucht uns, das Wasser in Badewannen und Behältern zu kontrollieren. Auch auf dem Boden sollen Behälter mit Wasser aufgestellt werden. Ein sinnloses Hin- und Herlaufen beginnt.

Immer wieder gibt es einen kurzen Alarm. Ich wage nicht, die Kinder aus dem Keller nach oben zu holen. Still sitzen sie zusammengekuschelt auf ihrem Luftschutzbett, auch das kalte Mittagessen wird im Keller eingenommen. Am Nachmittag gehe ich einen Augenblick auf den Balkon. Hoch oben zieht ein einsames Flugzeug seine Kreise. Man hört es nicht. Man sieht nur die Flügel silbern in der Sonne leuchten. "Will der da Bomben werfen?", frage ich. "Nein" sagt Kurt. "Entweder sieht er nach, was von Hamburg noch steht, oder er sucht neue Arbeit." Die Flak sagt jedenfalls nichts dazu. Still und ruhig zieht er da oben seine Kreise im Sonnenlicht, nichts stört ihn in seinem Vorhaben. "Vielleicht ist es auch ein deutsches Flugzeug?" Kurt zuckt die Achseln und schweigt.

Die Kinder sind furchtbar unruhig. Sie wollen nicht mehr allein in einem Zimmer bleiben. Nicht nur Nina, auch das Mücklein soll ich dauernd im Arm halten und ihnen Märchen erzählen. Kaum kann ich die notwendigsten Arbeiten erledigen. Nun schlafen sie endlich und ich bin am Ende meiner Kräfte. Wir sitzen im Wohnzimmer, auch unsere Gäste haben sich eingefunden. Der alte Vater, der sich an der Unterhaltung nicht beteiligen kann, ist eingeschlafen. Die arbeitsmüden, krummgezogenen Hände liegen auf der Sessellehne, der Kopf mit dem spärlichen grauen Haar ist ihm auf die Brust gesunken. Wie wird es weitergehen? Für ihn? Für uns?

Sehr unterhaltsam ist es heute nicht bei uns. Jeder hängt seinen Gedanken nach und schweigt. Wir könnten schon lange im Bett liegen, aber wir sitzen hier und warten. Es ist still. Zuerst war es eine behagliche Stille, abgeschlossen von der Umwelt, nur im Lichtkreis der Lampe. Auch die Uhr schweigt. Sie ist stehen geblieben, da Kurt vergessen hat, sie aufzuziehen.

Der Rathausmarkt im Juli 1943, Blick auf die Alster. Am rechten Rand die Mönckebergstraße mit dem Turm der Petrikirche. Durch die Ruine des Eckhauses sieht man die noch brennenden Häuser an der Ecke Bergstraße. In der Bildmitte brennt der Keller einer Ruine – doch niemand löscht. Quer über den Platz laufen zwei pralle Feuerwehrschläuche, durch die Wasser aus der kleinen Alster gepumpt wird, die Pumpen stehen auf der Treppe vor dem Kriegerdenkmal. Am Beginn der Mönckebergstraße stehen die verkohlten Reste eines kleinen Kiosk, der noch bis 1943 als Verkaufsstand für Zeitungen und allerlei Krimskrams diente. Würstchen gab es dort allerdings schon seit 1939 nicht mehr.

Als ich es ihm sage, macht er nur eine müde Handbewegung. Ob es ihm zwecklos erscheint, sie wieder in Gang zu setzen? Oder will er in seinen Gedanken nicht gestört werden?

Ich werde Tee kochen. Der Tee wird uns gut tun. Und der Rest kommt dann für den Notfall in die Thermosflasche. Es dauert nicht lange, da summt das Wasser im elektrischen Topf. Gerade als ich den Tee aufgieße, gibt es Alarm. Wie lange heute die Sirene heult! Schon hört man das Trappeln vieler Füße im Treppenhaus. Schnell die Kinder in die bereitgelegten Decken wickeln, die Taschen mit den Sachen der Kinder greifen und auf in den Keller. Als wir aus der Wohnungstür kommen, schlägt uns aufgeregtes Stimmengewirr entgegen. Heute geht es sehr schnell, bis die Hausgemeinschaft im Keller versammelt ist. Niemand lässt sich bitten, die Tür zum Luftschutzraum zu schließen. Als jeder seinen Platz einnehmen will stellen wir fest, dass der Raum überbelegt ist. Zwei Drittel mehr Menschen als sonst. Die Luftschutzbetten werden als Sitzgelegenheiten hergerichtet, der hintere Raum, die frühere Waschküche, ist für Mütter und Kinder bestimmt. Die Männer gruppieren sich stehend in der Nähe des letzten Kellereingangs, damit sie für einen eventuellen Einsatz bereit sind. Diesmal sind sogar zwei Soldaten in Uniform dabei, Urlauber von der Front.

Alles geht ohne Schwierigkeiten. Die augenblickliche Notlage glättet die Unebenheiten des menschlichen Charakters. Draußen ist es noch immer still. Nachdem die Menschen sich beruhigt haben, beginnt eine Unerhaltung. Vielleicht fliegen die Bomberverbände nur vorbei? Vielleicht nach Berlin?

"Nun", meint der alte Studienrat, "wenn wir hier im Ernstfall eingeschlossen werden, dürfte uns wohl bald die Luft knapp werden." Seine Rechte umklammert ein kleines Bronzefigürchen, sein liebster Besitz, ansonsten hat er nur eine kleine Aktentasche bei sich. "Besitz belastet", erklärt er, "in dieser Situation doppelt." Die alte Dame aus dem vierten Stock lächelt verständnisvoll. Auch ihr Gepäck ist klein. Es besteht nur aus zwei Taschen und einer Decke. Eine Tasche steht neben dem alten wackeligen Stuhl. Sie enthalte nur die notwendigsten Sachen, vom Nachthemd bis zum Löffel, erzählt sie uns. Die andere

Tasche aber, die sie so behutsam auf ihrem Schoß hält, verbirgt ihren geliebten Kater Brummi. Brummi verhält sich immer luftschutzgemäß: wie eine weiche warme Kugel liegt er in der Tasche ohne sich zu rühren, ohne einen Laut von sich zu geben. Er habe Menschenverstand, sagt sein Frauchen. Eigentlich ist es verboten, Haustiere mit in den Luftschutzkeller zu bringen. Aber niemand von der Hausgemeinschaft hat etwas dagegen, dass Brummi sein Frauchen begleitet. Sie bliebe eher mit ihm in der Wohnung, als ihn dort alleine zu lassen.

In dem engen, düsteren Raum haben sich sehr viele Menschen zusammengefunden. Die meisten sind Fremde für unsere kleine Luftschutzgemeinde, die schon seit Jahren die Fliegeralarme gemeinsam in diesem Keller verbringt. Die fremden Gäste sind Hamburger wie wir, von denen wir nichts wissen. Aber ihr Gepäck vermittelt uns ein Bild ihrer Persönlichkeit. Es gibt vollgestopfte Rucksäcke, elegante Koffer mit vielen schönen Hotelaufklebern, Deckenbündel und Pelzmäntel. Neben manchem Stuhl aber bleibt der Platz für das Gepäck leer. Es ist am Wege liegen geblieben. Ein Blick in das Gesicht der Menschen gibt die Antwort: Sie haben beim letzten Angriff alles verloren, auch das Luftschutzgepäck ist im Keller oder unterwegs zurückgeblieben, weil es darum ging, das Leben zu retten. Leben ist wichtiger als jeder Besitz.

In der Ecke sitzt eine Frau mit zwei Kindern. Ihre Hände sind mit Binden umwickelt, ihr Gesicht ist wie erstarrt, die Haut ist grau, die Augen wie erloschen. Von Zeit zu Zeit bewegen sich ihre Hände tastend über die beiden Kinder. Denkt sie an die beiden anderen Kinder, die sie auf ihrem Weg durch Rauch und Flammen verloren hat?

Eine halbe Stunde ist vergangen und noch immer schweigt die Flak. Draußen ist es beunruhigend still. Die Kinder haben ihre Angst vergessen und fangen an sich zu langweilen. Meine beiden haben Durst. Trinken wollen sie, dann geschieht wenigstens etwas. Als ich aus der gewohnten Ecke meiner Tasche die Thermosflasche nehmen will, ist die Ecke leer. Die Kanne steht oben auf dem Tisch, ich habe in der Eile den Tee vergessen! Keinen Tee. Ninas Augen füllen sich mit Tränen. Vorwurfsvoll sieht der kleine Kerl mich an, Nina hat Durst! Ich überlege. Draußen ist es noch immer still.

Nach einer Beratung mit den an der Tür stehenden Männern meint der Luftschutzwart, es sei sicher nicht gefährlich. Die Tür wird geöffnet und ich gehe nach oben. Doch ich habe noch nicht einmal das Parterre erreicht, da beginnt die Flak zu bellen und ich höre ein tiefes, gleichmäßiges Brummen, unheimlich, monoton. Wie ein wildes Tier, das auf der Lauer liegt. Schnell bin ich wieder im Keller. Ohne Tee und mit einem riesigen Angstgefühl. Ein junges Mädchen lacht mich aus: "Na, ’n bisschen Flak und schon sind sie blass und flitzen zurück in den Keller."

Mir ist nicht zum Scherzen zumute, ich habe eine furchtbare Ahnung. Ich komme gerade noch zu meinen Kindern nach hinten, da beginnt auch schon der Höllentanz. Pausenlos fallen die Bomben. Das Haus schwankt. Durch den Betonboden spürt man die Bewegung der Erde. Feine Risse bilden sich. Abstützungen beginnen, sich zu verschieben. Die Menschen hocken auf ihren Plätzen, als seien sie schon gestorben. Da, ganz in der Nähe! Ein fürchterlicher Einschlag! Durch den Luftdruck wird die Eisentür, unser Notausgang zum Hof, aufgedrückt. Rauch und Staub wälzen sich auf uns herab. Nur mit viel Mühe und Kraft gelingt es den Männern, die Tür wieder zu schließen und zu befestigen. Wieder ein heftiger Einschlag! Jetzt erlischt das Licht. Erbarmungslos dem Dunkel und dem Grauen ausgeliefert, erwarten wir nun das Ende.

Endlich gelingt es, eine Kerze anzuzünden. Tröstliches Geschenk, dieses kleine zitternde Licht. Der Luftschutzwart kommt und berichtet: "Einige Häuser unserer Straße brennen bereits. Es ist wahrscheinlich, dass wir den Keller verlassen müssen. Gepäck bleibt hier, wichtiger sind die Kinder. Sollte der Notausgang verschüttet werden, müssen wir einen Durchbruch zum Nachbarhaus versuchen." Der Angriff verliert aber bald an Heftigkeit. Der Keller wird auch ohne Entwarnung leer, jeder bezieht seinen Posten im Kampf gegen das Feuer. Nur die Kinder bleiben im Keller, die alte Dame hütet sie.

Ich trete auf die Straße. Meinen Augen bietet sich ein unbeschreibliches Bild: Beide Eckhäuser der Straße stehen wie riesige Fackeln vor dem Himmel. Überall loht das Feuer und erfüllt die Luft mit Knattern, Brausen und Getöse.

Die beiden Pappeln auf dem Spielplatz brennen und sehen aus wie riesige Lichter. Das Dach des Wasserturms am Winterhuder Weg ist in zuckende blaue Flämmchen gehüllt. Das dunkle Dach scheint zuerst frei vor dem Himmel zu schweben. Dann brennt das Feuer langsam herunter, aber das Dach steht noch lange glühend am Himmel. Jenseits der Hamburger Straße und dem Bahnhof Mundsburg sieht es aus, als wenn der ganze Stadtteil in Flammen steht. Das Werk der Vernichtung scheint so vollendet, dass es sinnlos ist, die Möbel aus den bedrohten Häusern auf die Straße zu stellen und mit Teppichen gegen den Funkenflug abzudecken. Wird es denn morgen noch Häuser geben, wohin man die Möbel bringen kann?

Noch stehen Häuser, aber durch die Luft segeln große, glühende Fetzen. Es sind Stofffetzen oder Gardinen, die sich hierhin und dorthin setzen und neue Brände entfachen. Von den brennenden Häusern klettern die Flammen weiter und weiter, suchen sich neue Nahrung. Ein grausiges Schauspiel. Die Menschen, die einem schrecklichen Tode entronnen sind, bleiben zusammen. Sie sind eine lebende Mauer gegen Tod und Verderben. Sie stürzen in die Häuser und reißen brennende Gardinen von den Fenstern, schleppen Wasser von irgendwo her, um Flammen zu löschen, schlagen das Feuer auf gefährdeten Dächern aus. Sie verbinden Verletzte und bergen Tote. Sie trösten und helfen und haben keine Tränen mehr für das eigene und das fremde Leid.

## 28. Juli 1943

Mittwoch. Als der Morgen da ist, spüre ich, wie meine Kräfte nachlassen. Ich kann nicht mehr weiter. Ich setze mich in einen am Straßenrand stehenden Sessel, da sehe ich Kurt wieder. Sein Gesicht zerschunden, Haare und Augenbrauen sind versengt, die linke Hand mit einem schmutzigen Lappen verbunden. Es ist nun genug. Wir wollen nach den Kindern sehen.

Noch steht unser Haus. Es brennt auch nicht. Im Keller ist es still und friedlich. Auf dem Tisch steht noch das Licht, es flackert und ist fast heruntergebrannt. Alle Kinder schlafen in den Luftschutzbetten.

Ihre Beschützerin legt mahnend den Finger auf die Lippen. Wir steigen über Glassplitter und Mauerbrocken die Treppe nach oben. Die Tür ist mit dem Rahmen aus der Mauer gebrochen. Sie hat alles zerschlagen, was ihr im Weg war. Wir finden nur Trümmer vor. Die Betten sind mit Glasscherben bedeckt, die Bilder von den Wänden gefegt, Schränke wie im Übermut umgekippt, Möbel zersplittert. Ob es noch einen heilen Teller gibt, ist vorläufig nicht festzustellen. Nur eins steht fest: gebrauchen kann man diese Wohnung in dem Zustand nicht mehr. Es gibt kein Licht und kein Wasser und durch die zerstörten Fenster flackert von draußen der Feuerschein.

Mutlos und um eine Hoffnung ärmer kommen wir wieder in den Keller. Dort haben sich inzwischen auch die anderen Hausbewohner wieder eingefunden. Dieser Keller ist auch kein Schutz mehr, stellen wir fest. Und in der Nähe gibt es keinen Bunker. Weg aus Hamburg! Es muss doch eine Möglichkeit geben!

Zu essen und zu trinken haben wir auch nichts mehr. Meine Hoffnung, in der Volksschule Averhoffstraße etwas Notverpflegung zu bekommen, ist vergeblich. Die Schule hat einen Volltreffer bekommen. Es war die Mine, deren Luftdruck unsere Kellertür aufsprengte. Die Schule ist vom Erdboden verschwunden und mit ihr die Verpflegung für viele Hamburger. Als ich dort ankomme, werden gerade die Toten aus dem Keller gezogen. Menschen, die mir gut bekannt waren, mit denen ich lange im Rotkreuzeinsatz gearbeitet hatte.

Zwischen den Trümmern der Averhoffstraße treffe ich eine Frau, die erzählt, dass sie auf jeden Fall Hamburg verlassen wird. Und sei es zu Fuß. Sie war schon von Langenfelde gekommen und auf dem Weg zum Berliner Tor. Ich gab ihr die Adresse der Jungens und bat sie, dorthin Nachricht zu schicken, dass wir noch leben. Und dass wir eine Möglichkeit finden werden, Hamburg zu verlassen. Kurt ist unterwegs, eine dieser Möglichkeiten zu suchen. Zunächst die NS-Ortsgruppe. Das Haus Erlenkamp 8 steht noch und die Büros sind besetzt. Doch die Meldungen und Anweisungen überschlagen sich. Eine sagt, jeder, der die Möglichkeit hat, soll Hamburg verlassen. Die andere, wer noch eine Wohnung hat soll bleiben. Die dritte, bei der jetzigen Lage müsse man jedem selbst überlassen, was er tun kann, denn die Versorgung mit

Unser Schlafzimmer: beschädigt, nicht mehr bewohnbar, aber auch noch nicht ausgebrannt. Diese Aufnahme, geknipst mit einer Box-Kamera 6x9, entstand, bevor das Haus total zerstört war. Vorne die Betten, begraben unter den Kleiderschranktüren und einem Teil der Zimmerdecke. Rechts dahinter, kaum zu erkennen, die verkohlten Reste der Wickelkommode. Die Gardinen sind weggeflogen oder zerfetzt. Die Fenster waren schon vorher bei der Detonation einer Luftmine in der Averhoffstraße herausgerissen worden.

Wasser und Lebensmitteln sei vorläufig nicht für alle gesichert. Am Stadtpark soll es Autobusse geben, die die Bevölkerung aus der Stadt heraus bringen. Doch der Stadtpark ist weit, zu weit, um ihn mit den kleinen Kindern an der Hand zu erreichen. Die Hochbahn Mundsburg ist geschlossen, die Brücke ist zerstört, Straßenbahnen fahren nicht, die Oberleitungen sind abgerissen.

Der Luftschutzraum ist wieder leer. Wer keine kleinen Kinder hat, setzt sich auf irgend eine Art ab. Niemand möchte auch nur noch eine einzige Nacht hier in Hamburg bleiben. Sie werden immer wiederkommen, bis Hamburg verschwunden ist von dieser Erde. Davon sind wir nun überzeugt. ‚Rette sich wer kann!' ist die Devise. Nur der Luftschutzwart Hagge und seine Frau sind noch in ihrer Hausmeisterwohnung.

Wir sitzen allein im Keller und besprechen die Lage. Kerzen hatten wir noch in der Wohnung gefunden und so haben wir sogar ein wenig Licht. Hier unten haben wir einen abschließbaren Privatkeller. Ein alter Reisekorb und zwei große Koffer sollen mit allen erreichbaren nützlichen Dingen gefüllt werden. Die Betten werden wir zu Bündeln verschnüren und alles in diesen Keller stellen. So werden wir vielleicht noch etwas vorfinden, wenn wir zurückkehren. Die Bettstellen der beiden Kleinen sind auch noch erreichbar. Kurt schlägt vor, auch die Matratzen unserer Betten in den Keller zu bringen. Falls es uns nicht gelingen sollte, aus Hamburg herauszukommen, könnten wir uns damit im Keller einrichten. Mitnehmen können wir außer den Kindern nur die Rucksäcke.

Wir wollen keine Nacht mehr in Hamburg bleiben. Wir können auch nicht. Es gibt kein Brot, kein Gas und keinen Strom. Die Wasserleitung gibt nur wenige dunkle Tropfen her. Das Wasser in der Badewanne ist durch Mörtelstaub unbrauchbar geworden. Der Luftschutzkeller liegt halb über der Erde, er ist bei Angriffen wie in den letzten Tagen keine Sicherheit mehr. Herr Hagge kommt und teilt uns mit, dass am Heideweg vor der Oberschule eine Sammelstelle für Mütter mit Kindern ist. Autobusse sollen von dort jetzt die Stadt verlassen. Tröstend hält er Nina einen Zwieback hin, der aber schüttelt traurig den Kopf.

Wir schnallen die Rucksäcke um und nehmen die Kinder an die Hand. Ecke Heideweg vor der Oberschule stehen wirklich zwei Autobusse. Davor der Ortsgruppenleiter mit seinen Männern in SA-Uniform. Nur schnell, nur schnell! Der Sirenenwagen heult schon wieder durch die Straßen.

Zuerst die Obdachlosen, also nicht wir. Unser Haus steht ja noch. Dann Familien mit sechs, dann mit fünf, dann mit vier Kindern, dann sind beide Busse voll. Wir haben nur zwei kleine heulende und schmutzige Bündelchen auf dem Arm. Kurt versucht, dem Ortsgruppenleiter zu erklären, dass auch wir vier Kinder haben, nur im Augenblick seien zwei in der Kinderlandverschickung. Die beiden Kinder, die er vorzeigen kann, genügen aber nicht. Es ist wohl in diesem Augenblick ein etwas unbrauchbares Argument. Die Busse sind voll – und wir bleiben zurück.

Verzweifelt schleichen wir wieder in unseren Keller. Gern hätte ich geweint, aber die Kinder müssen sich jetzt wenigstens bei uns in Sicherheit fühlen. Im Luftschutzgepäck habe ich eine Packung Trockenspiritus, im Kessel der Waschküche gibt es Wasser, das uns sauber erscheint. Frisch ist es nicht mehr, aber zum Tee wird es gehen. Über Mauerbrocken, Glassplitter und Holzteile klettere ich nach oben in unsere Wohnung, um einen Topf zu holen. Dort finde ich sogar ein paar Lebensmittel, die noch genießbar sind: zwei Gläser Obst für die Kinder, kein Brot, aber eine Dose mit Zwieback und Keksen. Ich stelle die mitgebrachten Sachen auf den Tisch und wir essen zusammen. Vielleicht ist es unsere letzte gemeinsame Mahlzeit.

Die Nacht dürfen wir gegenüber im sicheren Keller des Fernsprechamtes verbringen. Nur diese eine Nacht, denn Zivilpersonen dürfen sich sonst in den Amtsräumen nicht aufhalten. Es ist ein kleines Häuflein, das dort Schutz gesucht hat. Die anderen Bewohner der Straße haben, teilweise zu Fuß, die Stadt schon verlassen.

Auch hier werden wieder die verschiedenen Möglichkeiten besprochen, wie man aus Hamburg fortkommen könne. Am sichersten scheint es privat, ohne die Hilfe einer Behörde, mit einem Lieferwagen oder einem Lastauto. Immer wieder gibt es einzelne Privatleute, die mit den Autos ihrer Firma am Straßenrand stehen und vorbeikommende Flüchtlinge einladen, mit ihnen nach draußen zu fahren. Die Initiative ist großartig. Über allem steht unausgesprochen die Devise: Wir Hamburger müssen uns jetzt selbst helfen und zusammen halten.

Obwohl es keinen Alarm gibt, wird es eine unruhige Nacht für uns alle. Die Postbeamten brauchen Ruhe, um Meldungen aufzunehmen und weiterzugeben. Die Kinder sind ängstlich und weinen und jammern nach ihrem Bett.

**29. Juli 1943**

Donnerstag. Schon sehr früh am Morgen stehen wir wieder auf der Straße. Kein Mensch ist zu sehen. Hinter den zerstörten Fenstern flattern die Gardinen. Auf der Straße stehen immer noch die mit Teppichen bedeckten Möbel, die wir aus den brennenden Häusern holten. Die Besitzer haben anscheinend die Stadt verlassen. Warum soll man die Möbel auch wieder in die Häuser tragen? Ob sie dort verbrennen oder hier auf der Straße verkommen, ist kein großer Unterschied.

Die Postleute haben uns Butterbrote und Obst mitgegeben. In der Kanne ist noch kalter Tee. Die Kinder wollen nicht essen. Sie sind müde und verstört. Jetzt weinen sie nicht einmal mehr. Noch einmal gehen wir ins Haus bis zu unserer Wohnungstür. Wir nehmen Abschied von einem Leben, das es jetzt schon nicht mehr gibt.

Diesmal nehmen wir für Nina seine Kinderkarre mit, er ist zu müde zum Laufen. Das Mücklein an der Hand, gehen wir über den Spielplatz, der voller Trümmer liegt, wieder zur Schule am Heideweg. Die Straße vor der Schule ist leer. Wir setzen uns auf die Treppenstufen.

Wohin können wir gehen? Ob es überall so aussieht wie hier? Oder ob es noch Stadtteile in Hamburg gibt, die nicht zerstört sind? Wo man leben kann, wo es Straßen und Geschäfte gibt und Menschen? Gibt es noch Bahnhöfe, von denen man abfahren kann? Irgendwo hin, wo die Welt noch in Ordnung ist? Wir sind unschlüssig und viel Zeit vergeht.

Flucht aus der Stadt. Betten und Koffer waren oft die einzige Habe, die am Morgen nach einen Bombentreffer aus dem Luftschutzkeller geborgen werden konnte. Alle Möbel, Kleider, Geschirr etc. waren in den Wohnungen verbrannt oder durch die zusammenbrechenden Wände und Decken zerstört und verschüttet. Im Vordergrund eine so genannte ‚Schottsche Karre', mit der vor dem Krieg die Kohlenhändler Briketts, Koks und Feuerholz zu ihren Kunden brachten.

Da hält vor uns an der Ecke ein Lieferwagen mit Kindern und Gepäck. Sie wollen zum Barmbeker Bahnhof. Der Fahrer weiß, dass von dort aus noch die U-Bahn in die Walddörfer fährt. Glücklich steigen wir auf den Lieferwagen.

Der Barmbeker Bahnhof ist unverändert, der Betrieb scheint normal. Diesen Bahnhof hätten wir leicht zu Fuß erreichen können, aber niemand hat uns gesagt, dass hier der Fahrbetrieb noch einigermaßen normal ist. Auch wir selbst sind nicht auf die Idee gekommen, uns zu erkundigen, ob man von hier aus vielleicht die Gelegenheit hat, Hamburg zu verlassen. Ein Zauberkreis des Schreckens hat uns an den Ort und den engen Umkreis unseres Unglücks gebannt. Hier ist es wie im Frieden: wir kaufen Fahrkarten, steigen ein, der Zug fährt ab nach Volksdorf. Merkwürdig. Der Zug ist kaum besetzt. Sollte es anderen Hamburgern gehen wie uns? Ist auch ihr Blickfeld und ihr Suchen nach einem Ausweg von Trümmern verstellt?

Jetzt ist alles aufs Beste organisiert. Vor dem Bahnhof Volksdorf steht ein Wäscheauto von Testorp. Heute hat es keine schmutzige Wäsche, sondern Menschen geladen. Wir werden noch hineingedrückt, die Karre und die Rucksäcke aufs Dach geworfen und ab geht's zum Fernbahnhof nach Ahrensburg. Dort steht ein Sonderzug bereit. Freundliche junge Mädchen vom Reichsarbeitsdienst nehmen uns in Empfang und bringen uns zum Bahnsteig. Mit den Kindern, den Rucksäcken, dem Arm voller Butterbrotpakete, Obsttüten und Milchflaschen landen wir in dem überfüllten Zug. Sogar die Kinderkarre bekommen wir mit. Der Zug fährt bald drauf ab. Wo aber wollen wir hin? Bis jetzt haben wir nicht richtig denken können. Alles ergab sich so. Wir wurden nur von dem einen Gedanken beherrscht: raus aus Hamburg.

Die einzige Möglichkeit für uns ist im Augenblick Kurts Schwester Annchen, in Wittenburg. Sie wird uns helfen. Also müssen wir in Oldesloe umsteigen. Dort, es ist wie ein Wunder, steht auch schon ein Zug, der auf uns wartet. Wir werden in ein Abteil gebracht, Fahrkarten brauchen wir nicht, da fährt der Zug auch schon ab. Nun können wir endlich all die guten Dinge essen, die man uns unterwegs geschenkt hat. Jetzt erst merken wir, dass wir Hunger haben. Auch den Kindern schmeckt es jetzt. Die Spannung und die Angst lassen langsam nach und endlich schlafen sie in unseren Armen ein. Spät am Abend sind wir dann in Wittenburg. Den Bahnhof dürfen wir nicht verlassen, es ist schon wieder Alarm. Auch hier ...?

Auf dem Platz hinter dem Bahnhof steht eine große Gulaschkanone. Soldaten haben eine gute, warme Suppe für die Hamburger gekocht, für uns die erste warme Mahlzeit nach vielen Tagen. Die einzige Unterkunftsmöglichkeit für die Nacht ist ein großer Kornspeicher auf dem Bahnhofsgelände, angefüllt mit Stroh und Menschen. Viele Hamburger haben ihre Stadt verlassen müssen und haben nun – wie wir – hier eine Unterkunft gefunden. Aus allen Stadtteilen sind sie gekommen. Hier kann man miteinander sprechen. Sie erzählen von ihren Erlebnissen und weinen sich ihren Kummer vom Herzen. Andere haben sich zusammengekauert und ins Stroh gewühlt. Sie sind nicht ansprechbar, ihrem Herzeleid und Kummer ausgeliefert. Die vielen Kinder, die es hier gibt, toben in dem herrlichen Stroh und sind wenigstens auf ihre Art ein wenig glücklich.

Unsere beiden sind nicht glücklich. Sie können nicht verstehen, was mit ihnen geschehen ist. An Schlafen ist jetzt nicht zu denken. Das Mücklein hat sich an ihren Vater geklammert. Sie scheint getröstet zu sein. Vielleicht ist sie auch beruhigt, weil es hier so viele andere Kinder gibt, die anscheinend doch fröhlich sind. Nina jammert trostlos vor sich hin. Er will sein Bett haben, nur sein kleines Bett. Er kann noch nicht begreifen, warum wir ihm diesen Wunsch nicht erfüllen können. Schließlich mache ich ihm ein unbequemes Lager in seiner alten Kinderkarre zurecht. Das ist ihm ein vertrauter Ort in dieser für ihn so unverständlichen Welt und nach kurzer Zeit fällt er in einen unruhigen Schlaf.

Licht gibt es nicht. Es ist immer noch Alarm. Alles muss dunkel bleiben, um kein Ziel für die Bomber abzugeben. Und dann beginnt ein neuer Angriff auf Hamburg. Wir hören keine Flieger brummen und keine Flak schießen, aber der Boden, auf dem wir liegen, zittert und bebt unter uns, obwohl wir so weit von Hamburg entfernt sind. Uns schmerzen die Augen und der Kopf vor Müdigkeit, aber schlafen können wir nicht. Unsere Gedanken sind dort, wo das Unheil seinen Fortgang nimmt.

## 30. Juli 1943 in Wittenburg

Freitag. Als der Morgen dämmert, kommen neue Menschen in den Speicher. Gibt es immer noch eine Steigerung des Grauens? Es ist das erste Mal, dass ich Verbrennungen durch Phosphor sehe. Einer Frau ist die Hälfte des Gesichts zerstört, bei einem zehnjährigen Mädchen sind es die Beine. Ein Arzt und zwei Rotkreuzschwestern kümmern sich zuerst um diese beiden, dann um die anderen Verletzten. Viele von ihnen kommen aus einem Bunker in Hammerbrook. Wer dort Schutz gesucht hat und wer davon gerettet werden konnte – niemand weiß etwas darüber zu sagen. Auch dieser Bunker ist zuletzt so überbelegt gewesen wie unser Keller. Diesmal hat der Schwerpunkt des Angriffs über Uhlenhorst und Barmbek gelegen. Ob unser Haus noch steht? Wir jedenfalls leben!

Vor zwei Stunden ist Kurt zu seiner Schwester Annchen gegangen, noch ist er nicht zurück. Es ist fast zehn Uhr. Draußen von dem Bahnhof sind mehrere Lastwagen und ein alter Autobus vorgefahren. Die Unterbringung hier am Bahnhof im alten Speicher ist nur eine Zwischenlösung. Es ist ein Auffanglager, das so schnell wie möglich für die nachfolgenden Hamburger wieder frei gemacht werden muss. Die Lastwagen fahren in die Nähe von Schwerin, der Autobus geht über Ludwigslust nach Neustadt in Holstein. Ein Zug steht abfahrbereit auf den Schienen, er soll nach Sachsen, wahrscheinlich nach Dresden fahren.

Seit langem sind Notquartiere für evakuierte Hamburger bereit gestellt. Dorthin werden jetzt die Heimatlosen transportiert. Wer allerdings in der näheren Umgebung Verwandte hat, die bereit sind einen aufzunehmen, kann ebenfalls auf die Lastwagen klettern und sich mit nehmen lassen. Die Transporte sind für alle kostenlos.

Dann kommt endlich Kurt zurück. Sehr hoffnungsvoll sieht er nicht aus. Seine Schwester Annchen ist mit ihrem Mann Tommy und ihrer kleinen Tochter inzwischen im Sommerhaus in Wittenburg angekommen. Tommy ist Fernfahrer und von der Katastrophenleitung für Lebensmittelfahrten eingeteilt worden. Bei so einer Fahrt ist es ihm dann gelungen, die Schwiegereltern, seine Frau und seine Tochter aus

Hamburg herauszuholen. Die Wohnung der Schwiegereltern ist im Augenblick so wenig bewohnbar wie unsere. Außerdem ist in dem kleinen Sommerhaus, auch noch eine alte Tante aus Berlin zu Besuch. Für uns ist also kein Platz. Aber Annchen hat bereits eine andere Lösung gefunden. Vom Kirchendiener weiß sie, dass es oben im alten Pastorat eine leere Dachkammer gibt. Kurt hat sich die Kammer schon angesehen. Ein Dach über dem Kopf, mehr ist es nicht. Eine Zwischenlösung. Vielleicht können wir bald wieder nach Hamburg zurück. Erst ansehen und dann Frühstück bei Annchen oder umgekehrt? Ich entscheide mich für erst ansehen.

Der Weg in die Stadt führt auf dem Wall entlang. Im Schatten der alten Eichen ist es wunderbar kühl. Die Lärchen singen in der Luft, Schwalben machen Jagd auf Fliegen, am Wegrand stehen Bänke. Durch das Laub der Bäume schimmert rotes Mauerwerk. Am Ende des Weges in die Stadt steht das alte Tor, ein Doppeltor. Vielleicht stand es im Dreißigjährigen Krieg schon dort. Durch eine Gasse mit Giebel-häusern führt der Weg auf einen kleinen Platz. Dort steht in der Mitte eine kleine, sehr schöne alte Kirche. Kein Krieg, kein Brand hat sie bis jetzt zerstört. Dahinter ein kleines weiß getünchtes Giebelhaus. Ein Erdgeschoss, ein hohes Dach, ein kleiner dunkler Flur, eine steile rohe Holztreppe zum Bodengeschoss. Zwei Bodenkammern, eigentlich nur eine für uns, denn in die andere müsste man die geretteten Sachen stellen. Zwei Bettstellen – aber leer, ein alter, sehr großer Tisch, zwei alte Stühle und ein kleiner Tisch. Das Wasser kann man draußen von der Pumpe im Hof holen, auch die Toilette ist draußen. Die Pastorenfrau ist sehr freundlich, Miete möchte sie nicht annehmen. Ihre Küche kann sie allerdings nicht zur Verfügung stellen, die Küche ist sehr klein und reicht schon kaum für ihre Familie aus. Ich kann das verstehen. Vielleicht gibt es einen Bezugsschein für eine elektrische Kochplatte oder einen Topf. Das Mittagessen für Ausgebombte soll ab morgen auf dem Hof eines Gasthofes in der Nähe verteilt werden. Es ist ja nur eine Zwischenlösung.

Die Rucksäcke lassen wir gleich da. Nina kommt wieder in seine Karre. Die Frau Pastor drückt dem Mücklein noch eine Tüte Kirschen aus ihrem Garten in den Arm – und dann geht's endlich zu Annchen zum Frühstück.

Es gibt ein wunderbares Frühstück. Mit echtem Bohnenkaffee und der ganzen Familie um den Tisch. Tommy ist auch da. Gleich soll er mit seinem Lastwagen wieder nach Hamburg fahren. Als er von unseren Schwierigkeiten hört, keine Betten, keine Decken, keine Wäsche zum Wechseln, keine Töpfe, kein Geschirr, meint er nach kurzem Nachdenken: "Wenn das Haus wirklich noch steht oder wenigstens halb steht und ihr alles Wichtige in den Keller gebracht habt, dann holen wir auf der Rückfahrt die ganzen Sachen ab, die ihr hier so notwendig braucht." Tommy hat den Befehl von der Katastrophen-Einsatzleitung bekommen, Lebensmittel aus Mecklenburg in die Stadt zu bringen. Auf der Rückfahrt hat er dann freie Hand, um Menschen mit ihrem Gepäck aus Hamburg herauszuholen, so viele wie in seinen Wagen hineingehen. Auch Annchen soll mitfahren und aus der Wohnung in Altona die notwendigste Wäsche und Kleidung für die Eltern holen. Das Frühstück geht zu Ende. Tommy fährt mit seinem Lastwagen in das Lebensmittellager, um zu laden. Anschließend wird er uns abho len. Die Kinder bleiben hier bei den Großeltern.

Nach einer Stunde sind wir unterwegs, zurück Richtung Hamburg. Was haben wir uns wohl gedacht bei diesem Unternehmen? An die Gefahr für uns? Für die zurückbleibenden Kinder? Gedacht haben wir dabei an nichts weiter als an das zum Leben so Notwendige: an Betten, an Tassen, an den elektrischen Topf, der immer noch im Keller auf dem Tisch steht. Leben allein ist nicht genug, wenn die primitivsten Voraussetzungen dafür fehlen: ein Kissen, ein Löffel, eine Tasse ...

Wir kommen recht zügig voran, es gibt kaum Gegenverkehr. Außer uns fahren noch viele Lastwagen in die Stadt, die wie wir Verpflegung und andere Dinge geladen haben. Ein richtiger Alarm ist nach dem schweren Angriff gestern nicht wahrscheinlich. Manchmal werden wir von den Einsatzwagen der Freiwilligen Feuerwehren der umliegenden Orte überholt. Bis Bergedorf kommen wir ohne Schwierigkeiten. Aber am Mohnhof, wo die Straßen sich kreuzen, ist eine Kontrolle für die Wagen, die nach Hamburg fahren wollen. Ein Polizist und ein Mann in brauner SA-Uniform halten die Wagen an. Sie fordern Wagenpapiere und Fahrtgenehmigung nach Hamburg. Tommys Papiere sind in Ordnung, aber wir Frauen müssen hier bleiben. Frauen dürfen nicht nach Hamburg hinein. Der Polizist meint: "Wir sind schon froh, wenn wir Frauen und Kinder hier herausholen können.", und holt uns von dem Lastwagen herunter. Eigentlich hat er Recht. Aber andererseits können wir nicht Tommy mit seinem Wagen alleine weiter fahren lassen. Wer weiß, ob er auf der Rückfahrt wieder durch Bergedorf kommen kann oder ob er nicht über andere Ausfahrten geleitet wird. Wie sollen wir zurück nach Wittenburg kommen? Wir haben dieses Abenteuer begonnen, jetzt müssen wir es, auch der Kinder wegen, entgegen aller Schwierigkeiten zu Ende führen.

Es war Annchen gelungen, Tommy zu signalisieren, dass er hinter der Bergedorfer Kirche auf uns warten soll. Wir machen einen Umweg zu Fuß. In einer Nebenstraße wartet Tommy mit seinem Lastwagen. Wir klettern wieder auf die Ladefläche und gelangen, unter Decken ver borgen, nach Hamburg hinein. Von Öjendorf kommen wir auf Umwegen nach Borgfelde. Es wird deutlich, in welche Gefahren wir uns ohne nachzudenken begeben hatten und weshalb man uns von Hamburg fernhalten wollte. Als wir über die Kreuzung Burgstraße fahren und in die Borgfelder Straße einbiegen, sehen wir, rechts auf der Böschung, auf dem verbrannten Rasen, viele Tote liegen. Auf einer Treppe, die nach oben zur Straße führt, sitzt leblos eine Mutter, ihr totes Kind an sich gedrückt. Möglich, dass die beiden in der Hitze des Feuers erstickt sind. Über allem die Stille des Todes.

Ein Zug des Elends kommt uns entgegen. Die Hamburger, die die schweren Angriffe auf irgendeine Art überlebt haben, verlassen ihre Stadt. In verschieden großen Gruppen ziehen sie an uns vorüber. Einen kleinen Teil von ihrem Hab und Gut haben die Flüchtlinge dabei. Einige schieben ihr schwer beladenes Fahrrad, andere haben Karren und Kinderwagen mit nützlichen und auch scheinbar wertlosen Dingen beladen. Auf einer zweirädrigen Karre sitzt ein elender, gebrechlicher Mann, auf seinen Knien hält er ein zugedecktes Vogelbauer. Ein Hund trottet, an die Karre gebunden, nebenher. Ein Mann, der selbst ein beladenes Rad führt, versucht, einer alten Frau beim Schieben zu helfen.

Die Straße ist so mit Trümmern übersät, dass keine Autos drauf fahren können. Auch wir kommen nicht weiter. Tommy nimmt einen Umweg und wir gelangen am Berliner Tor beim Strohhause zurück auf die Hauptstraße. Wieder ein Aufenthalt. Auf der einen Seite ist die Straße hoch mit Trümmern bedeckt, so dass der Verkehr nur mühsam einseitig vorangeht. Zwei Soldaten mit Stahlhelmen regeln den Verkehr. Langsam, langsam schieben sich die Lastwagen und Feuerwehrautos vorbei. Auf der linken Seite steht von einem ausgebrannten Bürohaus nur noch die sehr hohe Giebelwand. Sie steht völlig alleine und haltlos und schwankt wie im Wind. Quer von oben nach unten zieht sich ein großer dunkler Riss. Deswegen der langsame Verkehr: die geringste Erschütterung könnte die Wand zum Einsturz bringen. Endlich sind auch wir dran. "Der letzte Wagen", sagt der Soldat und winkt seinem Kameraden zu, der weiter oben an der Straße Wache hält. Wir sind noch keine fünfzig Meter entfernt, als die Mauer sich langsam vornüber neigt, wie ein großes schweres Segel, und auf die Straße stürzt. Einige leichte Steintrümmer treffen unseren Wagen, ohne ihm jedoch Schaden zuzufügen. Hinter uns ist die Straße unpassierbar. Wäre die Mauer nur einige Minuten früher eingestürzt – die Trümmer hätten uns unter sich begraben.

Rechts abbiegen ist nun nicht mehr möglich. Wir müssen, um zu unserer alten Wohnung im Schrötteringksweg zu gelangen, über den Hauptbahnhof fahren. Am Besenbinderhof stehen Kisten, hoch übereinander gestapelt. Sie sind einfach aus rohem Holz zusammengenagelt. Wahrscheinlich sollten sie einmal als Särge gebraucht werden, ehe das Unglück ein solches Ausmaß angenommen hatte. Am Hauptbahnhof ist das Vordach eingestürzt, der Uhrturm ist ganz verschwunden. Der Eingang zum Steindamm ist ein feuriges Tor. Die Häuser auf der linken und auch auf der rechten Seite brennen noch lichterloh. Die Feuerwehr hat die Straße gesperrt.

Wir fahren über die Kirchenallee am Schauspielhaus vorbei, das völlig unversehrt dasteht, und biegen in die Lange Reihe ein. Bevor wir zum Mundsburger Damm kommen, geht es vorbei am St. Georg-Krankenhaus an der Lohmühlenstraße, von dem einige Pavillons brennen. Endlich können wir in den Uhlenhorster Weg einbiegen und erreichten den Schrötteringksweg, das erste Ziel unserer Fahrt. Menschen sehen wir hier nicht. Die Möbel stehen immer noch unberührt auf der Straße, so wie vor unserer Abreise. Aber die Häuser auf der gesamten gegenüberliegenden Seite, die vorgestern noch unbeschädigt waren, sind ausgebrannt.

Das Fernsprechamt, in dem wir unsere letzte Nacht mit den Kindern verbrachten, hat einen Bombenvolltreffer bekommen. Es brennt aber nicht und der Keller scheint auch nicht verschüttet zu sein.

Wir haben bisher viel Zeit mit unserem erzwungenen Herumfahren verloren und Tommy wird langsam nervös. Das Haus gegenüber sieht aus, als würde es bald zusammenstürzen. Nur schnell, wir müssen hier fort, wir müssen schnell wieder aus Hamburg heraus. Es war gut, dass wir die notwendigsten Sachen schon im Keller hatten. Die Männer bringen die Kinderbetten, die Matratzen und die Bündel mit den Betten aus dem Keller.

Im Treppenhaus riecht es nach Rauch, aber es scheint nichts zu brennen. Aus der verwüsteten Wohnung holen wir einige Sachen und reißen die Schubladen mit der Wäsche aus den Kommoden. Wir bringen sie nach unten und werfen sie auf den Wagen. Annchen hat einige Spielsachen für die Kleinen eingepackt, darunter eine Puppe und den kleinen Teddy. Zuletzt kommt Kurts Fahrrad, das noch von seiner letzten Fahrt im Kellergang steht. Länger als eine halbe Stunde hat der Besuch in unserem Haus nicht gedauert.

Tommy ist froh, als er endlich losfahren kann. Verhältnismäßig schnell kommen wir an den Stadtpark, wo er seine Ladung abliefert. Als nächstes wollen wir sehen, wie es meinen Eltern geht, die in der Rappstraße 14 am Grindel wohnen. Doch auf dem Grindel wird es wieder schwieriger. Ein Abbiegen von der Grindelallee in die Nebenstraßen ist gar nicht möglich. Das Eckhaus an der Kreuzung Grindelallee/Heinrich-Barth-Straße brennt lichterloh und auch in der nächsten Straße, der Rutschbahn, brennen die beiden Eckhäuser. Gegenüber auf einem Nebengleis stehen zwei Straßenbahnwagen mit zerschlagenen Fenstern. Sie sind vollgestopft mit Möbeln und Bettzeug. Davor lagern einige Leute und warten wohl auf den Abtransport. Das Durcheinander macht es uns unmöglich, zum Haus meiner Eltern zu fahren.

Es ist spät geworden und Tommy drängt auf Weiterfahrt. Endlich kommen wir in die Glücksburger Straße vor das Haus von Kurts Eltern. Hier geht es dann sehr schnell, wir holen die schon bereit gestellten Sachen rasch herunter. Die Fenster hängen lose in den Rahmen, alles ist mit Staub und Schutt bedeckt, die Türen sind durch den Luftdruck aus den Angeln gerissen. Auch in dieser Straße sind alle Fenster zerbrochen, aber die Häuser sind verhältnismäßig unversehrt und brennen nicht. Ein Luftschutzbunker steht in der Nähe, und auch hier sind wie der Menschen, beladen mit ihrem kümmerlichen Gepäck.

Endlich können wir Hamburg wieder verlassen, diesmal auf der anderen Seite der Alster, durch die Walddörfer. Auch hier ist viel zerstört, aber es ist nicht so grauenvoll wie bei unserer Fahrt über Hamm und Horn.

Sachsenwald! Mitten im Wald werden wir von Soldaten angehalten. Sie fragen uns, ob wir nicht Rast machen wollen. Auf einer großen Lichtung sehen wir andere Lastwagen und Wagen der Freiwilligen Feuerwehr mit ihren Besatzungen. Es gibt eine Gulaschkanone, in der die Soldaten diesmal Kaffee kochen, das Rote Kreuz verteilt Brote. Diese Rast tut uns allen gut, wir können uns endlich ein wenig von den Eindrücken aus Hamburg befreien. Kurz vor der Weiterfahrt stellt sich heraus, dass unsere übrigen Fahrgäste nicht mehr weiter mitfahren wollen. Das Rote Kreuz hat ihnen angeboten, sie nach Geesthacht oder Lauenburg zu bringen.

**2. August 1943**

Kurt schreibt an seinen Kollegen Stöger:

> *Sehr geehrter Herr Stöger,*
> *ich hoffe, Sie und ihre Familie sind in sicherster Obhut in Timmendorf. Wie ich Ihnen bereits schrieb, ist unser Stadtviertel Uhlenhorst bei jedem Angriff schlimmer mit Brand- und Sprengbomben heimgesucht worden.*
>
> *Beim zweiten Angriff in der Nacht von Dienstag zu Mittwoch ist unser Verpflegungslager in der Volksschule Averhoffstraße durch eine Luftmine zerstört worden. Alle 21 Leute vom Roten Kreuz sind tot. Meine Frau war eigentlich dort von der NS-Frauenschaft zum*

*Dienst eingeteilt worden. Aber weil mein kleiner Sohn Justus, der erst zwei Jahre alt ist, so krank war und die ganze Zeit geweint hat, ist sie dort nicht hingegangen. Nicht auszudenken wenn sie ihren Dienst angetreten hätte!*

*Hinzu kommt, dass wir weder auf Gas noch mit elektrischem Strom kochen konnten. Einen Kohlenherd besaßen wir nicht. Soweit am Tage kein Alarm war, bin ich auf meinem Fahrrad ständig unterwegs gewesen, um zunächst Essen für meine Frau und die Kinder ranzuschaffen und andererseits die Verbindung mit dem Geschäft und meinen Eltern aufrecht zu erhalten. Am Mittwoch Abend war ich nochmals bei meinen Eltern in Altona, von wo ich eine warme Mahlzeit auf dem Fahrrad nach Uhlenhorst gebracht habe.*

*Im Geschäft in der Schmilinskystraße 8 habe ich keinen mehr angetroffen. Auch Herrn Gaafke (Hausmeister) nicht. Er war morgens bei mir, als ich mich gerade nach anstrengender Löschtätigkeit in unserer Straße eine Stunde hingelegt hatte. Er meldete, dass unser Kontorhaus wieder allerhand abbekommen hätte, aber im Großen und Ganzen noch fest steht. Er wollte sich reine Wäsche von auswärts von seiner Frau holen, da er sich bei den Löscharbeiten so schmutzig gemacht hatte ...*

*Eine Stunde später kam Herr Lorenz (Kollege) zu mir und sagte, dass er wieder nach Hause gehen wollte. Er käme vor Qualm und Rauch nicht durch. Das Telefon ging Mittwoch nicht mehr ... zwischen 10 und 11 Uhr kam Herr Tegler (Kollege) und meldete, dass die Druckerei Hartung einen Volltreffer bekommen hätte, so dass unsere Zeitschrift nicht mehr erscheinen kann ... Ich begab mich auf die Ortsgruppenleitung, wo sich die Meldungen überschlugen. Auf Drängen meiner Frau und zum Schutz meiner Kinder, versuchte ich dann aus Hamburg herauszukommen, umso mehr, als ich im Geschäft im Augenblick doch nichts machen konnte.*

*Ich begab mich mit einem kleinen Teil meiner Habe, d. h. so viel wir außer den Kindern schleppen konnten, auf die Sammelstelle, wo ich sofort mit dem Ortsgruppenleiter über meine Absicht sprach. Er hatte nichts gegen meine Ausreise, sagte mir aber, dass erst die*

*Obdachlosen und dann die Familien mit sechs und fünf und vier Kindern abtransportiert werden. Ich mit meinen zwei Kindern würde wahrscheinlich sehr lange und dann noch vielleicht vergeblich warten müssen. Wir gingen daher wieder in unsere Wohnung zurück. Mit dem Fahrrad fuhr ich nochmal ins Kontor, wo ich verschiedene Sachen in den Keller brachte. Die Adressenliste der Kunden nahm ich mit, um sie in dem Keller des Fernsprechamtes sicher aufzubewahren, indem ich sie dem Direktor des Fernsprechamtes übergab, der sie in meiner Gegenwart in einen sicheren Schrank einschloss mit dem Vermerk, dass nur mir diese Liste wieder ausgehändigt werden solle. Es war übrigens die letzte Amtshandlung, die der Leiter des Fernsprechamts vornehmen durfte. Dann wurde angeordnet, dass sich nur noch Postbeamte und keine Zivilpersonen mehr in dem Fernsprechbunker aufhalten dürfen.*

*Ich war also nun gezwungen, Hamburg so schnell wie möglich zu verlassen, denn unser Luftschutzkeller liegt nicht ganz unter der Erde. Das letzte Mal war durch eine Luftmine die Tür aufgestoßen und die Frauen bös' durcheinander geschüttelt worden. Mein kleiner Sohn flog in hohem Bogen aus dem Luftschutzbett auf den Steinfußboden und ist glücklicherweise mit einer großen Beule auf der Stirn davon gekommen.*

*Ich ging mit meiner Frau und den Kindern zu einer Sammelstelle vor der Oberschule Averhoffstraße, da inzwischen immer noch keine Verpflegung eingetroffen war, keine Milch und kein Brot. Nur auf dem Mundsburger Damm wurde kostenlos Obst verteilt. Während wir bei der Sammelstelle mit unseren Koffern warteten, machte mich meine Frau auf einen Lieferwagen aufmerksam, der noch nicht ganz mit Menschen und Gepäck angefüllt war. Der Fahrer sagte, dass er nach dem Barmbeker Bahnhof fahre und wir gerne mitfahren könnten. Das müsste allerdings gleich sein. Wir fuhren über die Hamburger Straße und den Barmbeker Markt, wo nicht mehr viele Häuser erhalten waren. Fahrkarten gekauft und nichts wie rein in die Hochbahn, die sofort abfuhr. In Ahrendsburg mussten wir auf ein Wäscheauto umsteigen, das uns zum Reichsbahnhof brachte. ... Eine Übernachtungsmöglichkeit war so gut wie ausgeschlossen. Der Zug, der sehr überfüllt war, fuhr auch gleich ab.*

*In Oldesloe stiegen wir in ein Abteil zweiter Klasse, das wir mit zwei Hamburgerinnen von der Schönen Aussicht alleine hatten.*

*Da unser Kontorhaus noch steht, schlage ich vor, so bald wie möglich nach Hamburg hineinzufahren, die Kundenlisten, die Anschriften der Mitarbeiter und die Unterlagen für die Buchhaltung zu holen. Dazu bedürfen wir allerdings einer Genehmigung. Wir müssen die Geschäftsunterlagen aus Hamburg retten, damit wir so bald wie möglich unsere Zeitschrift wieder erscheinen lassen können. Wir haben doch noch ein kleines Berliner Büro und wenn Ihnen Berlin nicht sicher erscheint, kann es auch in Timmendorf sein oder noch woanders. Ich hoffe, dass die übrigen Mitarbeiter unseres Betriebes Ihnen ihre Anschrift schon aufgegeben haben. Soviel ich weiß, haben wir am Mittwoch nicht mehr die Gehälter auszahlen können, wenigstens habe ich keines bekommen und sitze ohne Geld hier. Die Sparkassenbücher liegen im Safe der Sparkasse.*

*Wir müssen einen Weg finden, den Laden wieder in Schwung zu bringen. Nun kommen allerdings andauernd neue Meldungen über Räumung von Notquartieren. Ich werde aber versuchen, mich so lange wie möglich hier zu halten. Ich wohne auf dem Dachboden des Pfarrhauses in Wittenburg.*

*Mit freundlichen Grüßen*
*Ihr Kurt Grassmann*

## Die erste August-Woche in Wittenburg

Nun haben wir erst mal eine Bleibe. Das Wort hört man so oft jetzt auf der Straße, wenn die Ausgebombten – so heißen die Hamburger hier – miteinander sprechen. Es ist ein merkwürdiger Zustand, in dem wir uns befinden. Noch vor wenigen Wochen hätten wir uns nicht vorstellen können, wie wir hier leben. Wir haben kein Zuhause mehr, kein Heim, keine Heimat, nur so etwas, wo man eine Zeit bleiben kann, eine Zwischenlösung also.

Mit unseren aus Hamburg geretteten Sachen haben wir uns oben beim Pastor notdürftig eingerichtet. Betten haben wir jetzt und Wäsche zum Wechseln. Aber wo ich diese Wäsche waschen kann, weiß ich noch nicht. Wir haben den elektrischen Topf mitgebracht, die Steckdosen darf ich benutzen und natürlich auch das Licht. Ich kann Kaffee und Tee brühen, Tassen und Teller haben wir, und an der Pumpe gibt es Wasser. Den Eimer dafür hat mir die Frau Pastor geliehen.

Zu Annchen ist es nicht weit. Oft sitzen wir bei ihr, fühlen uns wieder als Familie und bekommen ein gutes, richtiges Familienfrühstück. Leicht ist es für sie sicher nicht, mit der ganzen Verwandtschaft um den Tisch. Zum Mittagessen gehen wir mit Kurts Mutter zusammen zur Essensausgabe für die ‚Bombengeschädigten'. Ein neues Wort in der Amtssprache für diejenigen, die nicht alles verloren haben, denen also die Möglichkeit zur Rückkehr bleibt, denn ‚total geschädigt' sind ja nicht alle, die die Stadt verlassen müssen.

Auf dem Hinterhof der Gaststätte stehen lange Holztische. Mittagessen für Bombengeschädigte, gekocht von Soldaten. Köche, Löffel und Schüsseln stellen die Wehrmacht zur Verfügung. Es gibt Eintopfgerichte, das Essen ist gut, aber selten verlangt jemand einen zweiten Schlag. Es ist unser Elend, unser Kummer, den wir hier so deutlich vor Augen haben, der den Hunger verdrängt. Wir essen nur, weil wir essen müssen. Um etwas Kraft zu haben für das, was noch kommen wird.

Mütter warten hier auf ihre Kinder und Kinder auf die Eltern, die sie in Hamburg verloren haben. Man fragt jeden Neuankömmling in der Hoffnung, von irgend jemandem etwas über die Angehörigen zu erfahren. Da ist das Mädchen in dem geliehenen Kinderwagen, für den es schon viel zu groß ist. Laufen kann sie nicht, ihre Beine sind über und über mit Brandblasen bedeckt. Oft wimmert sie leise vor sich hin, weinen kann sie nicht mehr. Ihre Augen sind stumpf, und wenn man sie anspricht, zuckt sie zusammen.

Mein Nina hustet jede Nacht, es klingt nach Keuchhusten. Und Ansteckungsmöglichkeiten gab es unterwegs ja genug. Ich trage ihn die ganze Nacht umher, damit er die anderen nicht stört. Wir haben ja nur diesen einen Raum für uns. Es ist heiß, besonders hier unter dem Dach.

In den letzten Nächten gab es lange, schwere Gewitter und ständig Feindanflüge. Dann tönen auch hier die Warnsirenen, obwohl niemand in den Keller geht. Die Menschen fühlen sich in dieser kleinen Stadt nicht bedroht. Es gäbe für den Feind lohnendere Ziele, denken sie.

Noch immer fallen Bomben. Meine Kinder begreifen nicht, dass sie hier in Sicherheit sind. Sie fürchten sich jede Nacht vor dem Unbegreiflichem, das auch ich ihnen nicht begreiflich machen kann.

Am Sonntag hat Annchen uns zum Mittagessen eingeladen. Es gibt sogar Pudding – für die Kinder ein kleines Glück. Kurt sieht erschöpft und müde aus und ist gern bereit, einen langen Mittagsschlaf zu machen. Damit er ungestört schlafen kann, gehe ich mit den Kindern auf dem Wall spazieren. Den Weg säumen Doppeleichen, es ist kühl und irgendwo schimmert durch das Grün eine Wasserfläche. Dort setze ich mich hin und erzähle Geschichten und Märchen, denn die Bücher, aus denen ich vorlesen könnte, stehen in Vaters Schrank. Wenn sie dort noch stehen!

Am Abend hat Kurt neue Pläne: Mit einem Lebensmitteltransport will er wieder nach Hamburg und diesmal das Fahrrad mitnehmen, damit er beweglicher ist. Wenn das Haus noch steht, wird er einige Sachen mitbringen, die für uns wichtig sind. Er wird fahren und ich muss bleiben und hoffen, dass er zurückkommt.

Von meinen Eltern kein Lebenszeichen. Hamburg ist über die Telefone nicht erreichbar. Auch von den beiden Jungens bisher keine Nachricht. Ob sie unsere Post im KLV-Lager in Rottach erreicht hat? Ich muss an die Verwandten in Pommern und Schlesien schreiben, vielleicht kann man auf diesem Umweg etwas erfahren.

Kurt kommt zurück. Plötzlich steht er in der Tür. Müde und mutlos steht er da. Er kam zu spät, auf unser Haus ist ein Phosphorkanister gefallen und vom Dach her ist es langsam nach unten durch- und ausgebrannt. Vielleicht hätte man es retten können, wenn jemand zum Löschen da gewesen wäre. Aber wir hatten es allein gelassen. Treppenhaus und die Treppe standen noch und so konnte er den Wohnungseingang noch erreichen. Der Fußboden in der Diele war schon

August 1943: Das Haus Schrötteringksweg 17 mit unserer Wohnung im 1. Stock rechts. Dieser Anblick bot sich Kurt, als er am 9. August noch einmal ein paar für uns wichtige Sachen retten wollte: Kleider, Bestecke, Bettwäsche. Doch es war alles schon verbrannt.

verbrannt und abgestürzt. Die Fußböden und die Möbel in den Zimmern brannten noch und Kurt musste hilflos zusehen, wie seine Bücher, die Bilder und alles, was uns lieb war, langsam von den Flammen verzehrt wurde.

Das Eckhaus an der Averhoffstraße war nur noch eine rauchende Ruine. Auf der Straße standen immer noch die Möbel, um die sich niemand mehr kümmerte. Menschen gab es in der ganzen Umgebung nicht mehr. Alle Häuser der gegenüberliegenden Straßenseite waren ein Trümmerhaufen, auf den Kellerdecken lag meterhoch der Schutt. Total geschädigt. So heißt es nun auch für uns. Wie kann man weiter leben?

Unsere kleine Bodenkammer hier in Wittenburg, die leeren Wände, das kleine Fenster mit der Aussicht auf den Hühnerhof, wo die Hühner im Mist scharren. Wenn man die Tür zum Boden öffnet, kann man durch die Bodenluke ein Stück der Kirchturmwand und den Wipfel eines großen grünen Baumes sehen. Hier hört man auch deutlich die Kirchenglocke, die immer wieder zu einer Beerdigung ruft. Es sterben viele Hamburger hier in diesen Tagen. Menschen, die geglaubt hatten, das Sterben hinter sich gelassen zu haben.

## Die zweite August-Woche in Wittenburg

Kurt ist krank. Er hustet und hat Halsschmerzen. Ist diese letzte, nutzlose Fahrt nach Hamburg zu viel für ihn gewesen? Oder ist es dieses Leben so ohne Hoffnung und Zukunft, das ihn krank macht?

Am 9. August kommt endlich ein Brief von den Jungens aus Rottach. Sie haben unseren Brief erhalten und auch die Nachricht, die ich der fremden Frau mitgegeben hatte. Viele Schulkameraden haben die Eltern und Geschwister verloren. Mein Martin liegt im Krankenhaus: Blinddarmdurchbruch. Es geht ihm leidlich, aber ich kann nicht zu ihm. Er muss alleine bleiben, wie ich mit meiner Sorge um ihn alleine bin. Und Post aus Pommern und Schlesien. Die Tante aus Stolp in Pommern schreibt, sie hat keinen Platz für uns. Die Zimmer sind belegt von einer Mutter aus Köln mit drei Kindern. In Stolp bin ich groß geworden. Dort hätten wir nicht nur Platz im eigenen Haus gehabt, ich hätte dort auch viele Freunde aus der Kinderzeit wieder getroffen. In Deutschland ist es eng geworden. Man kann nicht mehr selbst bestimmen, wo man leben möchte. Tante Meta aus Haynau in Schlesien schlägt uns vor, zu ihnen zu kommen, so schnell es uns möglich ist. Sie müssen sonst ihre Mansardenzimmer als Notquartier für Rheinländer zur Verfügung stellen, aber noch ist niemand eingewiesen worden. Verwandte, die total geschädigt sind, haben Vorrang. Tante Meta hat den Antrag schon gestellt, wir müssen uns nur noch die Reisegenehmigung besorgen.

**13. August 1943**

Eine besondere Aufenthaltsgenehmigung für Schlesien? Der Beamte ist nicht bereit, diese auszustellen. Schlesien sei kein Auffanggebiet für Hamburg. Er will uns nach Neustadt an der Ostsee schicken. Auf meine Frage, wo die Hamburger denn jetzt überhaupt hingehören, weiß er auch keine Antwort. Meine Argumente, dass Verwandte, die uns gern aufnehmen wollen, besser sind als jedes Auffanglager, leuchtet ihm dann doch ein. Wenn die Aufenthaltsgenehmigung aus Haynau vorliegt, wird er die Reisegenehmigung erteilen.

Nina hustet Tag und Nacht. Vom Fieber und der großen Hitze ist er teilnahmslos geworden. Den kleinen Teddy im Arm, liegt er still in seinem Bett. Es geht uns allen nicht gut, wir sind übermüdet und nervös. Es trifft uns jedes Mal hart, wenn man uns spüren lässt, dass wir Ausgebombten eine Störung in der kleinen, sonst so ruhigen Stadt sind. Unbewusst reagieren die Wittenburger mit Abwehr, auch die kleinen Kinder. Unser Mücklein hatte in der Nähe eine Sandkiste entdeckt, endlich eine vertraute Spielmöglichkeit. Doch dieses Glück dauerte nicht lange. Der kleine Besitzer dieser Sandkiste verteidigte sein Eigentum mit einer Schaufel und unser Mücklein trug eine tiefe Wunde über dem Auge davon, die genäht werden musste. Eine neue schmerzliche Erfahrung. "Will uns denn nun niemand mehr?", fragt sie traurig.

Wieder ein Sonntag. In der Kirche sprach der Pastor über einen Liedvers von Rudolf Kögel:

"Wir sind ein Volk gespült ans Erdeneiland
voll Unruh und von Herzeleid.
Das Kreuz von Golgatha, die Heimat für Heimatlose."

Ein Gottesdienst für die Hamburger? Die Kirche war bis auf den letzten Platz gefüllt. Ein Abschiedgottesdienst für eine Zeit, die jetzt schon vergangen war.

**Die Reise nach Haynau im August 1943**

Nun soll ein neuer Abschnitt unseres Lebens beginnen. Der Bahnhof von Wittenburg mit seinen Kornspeichern liegt bald hinter uns. In Hagenow ist ein Teil unserer Reise schon zuende. Hier heißt es umsteigen in den Zug nach Berlin. Aber: kein Zug nach Berlin. Schon seit Stunden warten hier die Reisenden auf einen Anschlusszug. Der Wartesaal ist überfüllt, es gibt keinen Platz für uns. Auch nicht draußen auf den Bahnsteig, wo die Sonne erbarmungslos brennt.

Endlich kommt der Zug, da gibt es neue Schwierigkeiten: kein Abteil, wo wir gemeinsam Platz finden können. Wir müssen uns vorläufig trennen. Gut, dass wir die Koffer aufgegeben haben, denn in die überfüllten Abteile wären wir damit nicht hineingekommen. Ich nehme Nina auf den Arm und Kurt versucht, mit dem Mücklein ein anderes Abteil zu finden. Wir verabreden, uns in Berlin auf dem Lehrter Bahnhof wieder zu treffen.

Unterwegs gibt es oft Alarm, der Zug bleibt stehen, wo es nach Tarnung oder Deckung aussieht. Das Aussteigen ist verboten, auch auf kleineren Bahnsteigen darf der Zug nicht verlassen werden. Es ist furchtbar heiß im Abteil und Nina jammert leise vor sich hin. Wir sind uns alle fremd in diesem Abteil, doch jeder ahnt den Kummer des anderen und versucht, ihn zu teilen. Unsere mitgenommene Limonade ist längst ausgetrunken, was soll ich tun? Eine Frau gibt Nina etwas zu trinken, ein Mann räumt das Gepäcknetz leer, stapelt die Gepäckstücke um unsere Füße, wickelt den kleinen, müden Mann in eine Decke und legt ihn ins Gepäcknetz, wo er bis kurz vor Berlin fest schläft.

Der Lehrter Bahnhof ist überfüllt. Berlin und andere Großstädte werden jetzt offenbar planmäßig geräumt. Hier findet auch kein Schulunterricht mehr statt, und so verlassen viele Mütter mit ihren Kindern die Stadt. Die Firmen lagern ihre Warenbestände in kleinere Städte aus, sie haben Furcht, die so kostbare Mangelware bei den sich häufenden Angriffen zu verlieren.

Nach langer Suche auf dem Lehrter Bahnhof finden wir uns endlich wieder und können mit der S-Bahn zum Bahnhof Zoo fahren. Eine große Freude für die Kinder sind die Bären, die man vom Bahnsteig aus beobachten kann, wie sie im Zoo auf ihren Felsen herumklettern.

Schließlich kommt der D-Zug nach Liegnitz. Er ist überfüllt und wir bekommen noch nicht einmal einen richtigen Sitzplatz. Es ist brütend heiß, ein Mann erzählt, es seien 35 Grad im Schatten. Nina hustet, Kurt hat einen Schwächeanfall, es gibt keinen Arzt und auch keine sonstige Hilfe. Der Zug hält an jeder Station und manchmal auf freier Strecke, oft für längere Zeit. Dann heißt es Voralarm. So kommen wir erst sehr spät in der Nacht in Liegnitz an. Einen Zug nach Haynau gibt es erst am anderen Morgen.

Der Wartesaal ist geschlossen und so übernachten wir unten auf den Treppen zum Tunnel. Nina schläft in meinen Armen, doch das Mücklein weint leise vor sich hin. Sie fragt mich: "Wollen wir nicht nach Hause zurück?" Darauf kann ich nicht antworten. Ich kann dem Kind nichts versprechen, weil ich nicht weiß, ob es sich jemals erfüllen lässt. Ist denn Hamburg noch unser Zuhause? Gibt es irgend eine Möglichkeit zur Rückkehr für uns? Ich habe darauf keine Antwort.

Schließlich, früh am Morgen, werden wir in Haynau auf dem Bahnhof erwartet. Der Onkel hatte sich erkundigt, wann wir ankommen könnten. Dann gibt es Frühstück mit der Familie. Es ist ein merkwürdiges Gefühl plötzlich festzustellen, dass das Leben wieder in geordnete Bahnen zurückgekehrt ist.

**24. August 1943 in Haynau**

Onkel Erwin und seine Frau, meine Tante Meta, haben in Haynau in Schlesien, etwa 30 Kilometer westlich von Liegnitz, einen großen Kaufmannsladen, eigentlich schon ein kleines Warenhaus. In dicken Buchstaben steht über den vier großen Schaufenstern

KOLONIAL- und FETTWAREN,
DROGERIE und FARBENHANDEL!

Vor dem Haus gibt es eine Tankstelle, wo die Bauern aus den umliegenden Dörfern Benzin und Diesel für ihre Trecker und Autos tanken. Für die Bauern ist diese Tankstelle besonders günstig, weil Onkel Erwins Geschäft, "seine Firma" wie er immer gern sagt, am Stadtrand liegt. Seit Kriegsausbruch ist die Tankstelle zwar geschlossen, aber die Freundschaft zu den vielen Bauern ist geblieben. Eier, Butter, Speck und Gemüse und Weihnachten eine schöne fette Gans sind der Beweis dafür.

Oben im Haus sind zwei Mansardenzimmer, die Tante Meta für uns eingerichtet hat. Es gibt zwei Kinderbetten und sogar Spielzeug. Die Tante und ihre Freunde haben gut für uns gesorgt. Jetzt schlafen die Kinder und auch Kurt hat sich hinlegen müssen. Es geht ihm nicht gut, wir werden einen Arzt holen.

Auf der anderen Seite der Straße liegt die Maschinenfabrik von Stimmel. Die Maschinen machen einen Höllenlärm. An diesen Lärm wird man sich gewöhnen müssen. Es ist immer noch besser als Spreng- und Brandbomben. Kann Haynau ein Stückchen Heimat für uns werden?

**30. August 1943**

Wer weiß, was uns diese Zeit noch bringen kann. Nichts lässt sich mehr voraus bestimmen. Tage und Nächte werden vergehen, ohne dass wir selbst entscheiden können, was mit uns geschehen kann. Niemand kann uns wiedergeben, was wir verloren haben.

Es ist schwer, kein eigenes Zuhause zu haben. Man bietet uns hier ein Stück Heimat, und doch werden wir nur Gäste auf Zeit sein können. Als Hausfrau weiß ich, welche Beschränkungen man sich auferlegen muss, wenn man eine andere Familie in die Wohngemeinschaft aufnimmt. Wir müssen versuchen, angenehme Gäste zu sein. Mit Kindern ist das schwer, fast unmöglich.

Die eigenen vier Wände mit all den Dingen, die nur uns gehören, kann uns niemand wiedergeben, sie sind verschwunden. Es geht nicht nur um materielle Werte. Wir haben auch das Gefühl verloren, zu Hause zu sein. Bei Onkel und Tante können wir nur eine bestimmte Zeit bleiben, bis wir wieder etwas Endgültiges gefunden haben. Doch auch der längste Krieg wird einmal ein Ende haben.

Unser Mücklein heißt jetzt Renate oder Reni und unser Nina ist nun ein Günter geworden. Der Onkel ist der Meinung, dass die Kinder groß genug sind, ihre eigenen, richtigen Namen zu haben. Sonst aber sind die Kinder zu klein, um am Familientisch mitzuessen. Jetzt essen sie mit Maria in der Küche und sind dort sehr glücklich und zufrieden. Der Onkel hat mit dieser Entscheidung Recht, denn die Kinder bringen viel Unruhe mit an den Tisch. Noch immer haben sie sich nicht an die veränderten Verhältnisse gewöhnen können.

Von den drei Koffern, die wir in Wittenburg aufgegeben haben, ist der größte Koffer noch nicht angekommen. Soll nun die kostbare Bettwäsche, die wir mit so viel Mühe aus Hamburg heraus geholt haben, verloren sein? Der Bahnbeamte versucht, uns zu trösten: "Wenn die Koffer nicht bei einem Angriff auf Berlin verbrannt sind, tauchen sie oft nach einer langen Zeit an ihrem Bestimmungsort auf."

**September 1943**

Kurt musste nach Hamburg zurückfahren, obwohl es ihm immer noch nicht gut geht. Wenn Hamburg auch noch so schwer zerstört ist, muss doch weiter gearbeitet werden, um die Stadt am Leben zu erhalten. Auf den Straßen liegen Trümmer und Ruinenreste. Wenn die Ruinen nicht von selbst einstürzen, werden sie gesprengt. Soldaten sind zum Aufräumen eingesetzt. Das Verlagshaus an der Alster steht zwar noch, aber wie überall sind die meisten Fenster mit Pappe oder Holz vernagelt, weil die Fensterscheiben zersplittert sind und Glas im Augenblick nicht zu bekommen ist. Kurts Verlag ist nach Lübeck verlegt worden. Da er vorläufig noch in der Wohnung seiner Eltern untergebracht ist, bedeutet das ein schwieriges Hin- und Herfahren zwischen Arbeitsplatz und Schlafgelegenheit in Altona. In der Glücksburger Straße gibt es zwar auch nur einen Raum mit einem fast heilen Fenster, aber um die Ecke steht ein gut gebauter Bunker. Auch sonst sind dort noch mehr Häuser stehen geblieben als bei uns in Uhlenhorst.

Kurt hat seine Altonaer Adresse an die Mauer unseres ausgebrannten Hauses geschrieben. So wird man uns finden, wenn nicht Regen die Schrift verwischt. Auch an anderen Häusern findet man viele Hinweise über den Verbleib der Bewohner. Unser Haus hat weder ein schwarzes noch ein rotes Kreuz. Das bedeutet, dass es vorläufig nicht gesprengt werden soll, sondern aufgebaut werden kann. Wann könnte das einmal sein? Vorläufig ist es nur eine kleine Hoffnung für uns.

In manchen Stadtteilen gibt es keine Post, keine Zeitungen, kein Licht. Meine Mutter schreibt aus der Rappstraße:

> *Die Post müssen wir uns selbst abholen. Wir sind ohne Nachrichten von draußen und wissen nicht, was in der Welt vorgeht. Ein Tankwagen kommt jeden Tag zum Postamt in der Schlüterstraße gefahren, von dort müssen wir auch unser Wasser holen.*

Für den Lebensunterhalt der in der Stadt verbliebenen Hamburger wird gesorgt. Vollmilch kann man kaufen so viel man will. Warmes Essen und belegte Brote werden an bestimmten Ausgabestellen des Roten Kreuzes verteilt. In Ohlsdorf gibt es jetzt viele Massengräber der Hamburger, die diese furchtbaren Angriffe nicht überlebt haben. Der Friedhof war gesperrt, ist aber jetzt wieder frei gegeben worden. In "Planten un Blomen" ist alles abgebrannt. Nur das Orchideencafé ist stehen geblieben. Dort soll jetzt manchmal eine Militärkapelle spielen. Die Behörden fordern immer wieder auf, dass unbeschäftigte Frauen mit ihren Kindern Hamburg verlassen sollen.

Innerhalb weniger Tage erfuhr man in Deutschland auch ohne offizielle Verlautbarungen, welch entsetzliche Katastrophe über Hamburg hereingebrochen war. Viele Truppenkommandeure gaben den Soldaten aus Hamburg so genannten Bombenurlaub. Oft standen diese Urlauber fassungslos vor den Trümmern ihrer Häuser, von Frau und Kindern keine Spur. Waren sie umgekommen? Lagen sie womöglich noch unter den Trümmern? Waren sie verletzt oder konnten sie rechtzeitig flüchten? Einziges Nachrichtenmittel waren kurze Mitteilungen, die man mit Kreide auf die stehen gebliebenen Hauswände schrieb. Viele Familien haben sich auf diese Weise wiedergefunden. Links neben dem schreibenden Soldaten das herausgebrochene Gitter des Kellerfensters, durch das Suchtrupps eingestiegen sind, um nach Überlebenden zu suchen.

Wo sind unsere Freunde geblieben, mit denen wir noch am Donnerstag, bevor die Angriffe begannen, zusammen waren? Vorläufig ist es unmöglich, etwas darüber zu erfahren. Auch unsere Trudel wird von ihrem Urlaub zurückkommen und uns nicht mehr in Hamburg finden.

Werners Zeit in der Kinderlandverschickung mit seiner Schule in Rottach am Tegernsee ist beendet. Er soll zurück nach Hamburg. Mir ist es gar nicht recht, dass er dort alleine leben soll. Kurt wird kaum genügend Zeit haben, sich um ihn zu kümmern. Martin wird in Zukunft alleine in der Kinderlandverschickung sein. Da kommt die Nachricht, dass die Schule und das KLV-Lager nach Bamberg verlegt werden sollen. Das Hotel in Rottach, in dem die Schule bisher untergebracht war, wird für Bombenflüchtlinge aus dem Ruhrgebiet gebraucht.

Am liebsten möchte ich, dass Martin nach Haynau kommt. Ich kann ihn doch dort im Schullager nicht alleine lassen, und er kann sehr gut hier zur Schule gehen. Wir müssen jetzt möglichst alle zusammen sein und sehen, wie es mit unserer Familie weiter gehen kann.

Hier in Haynau ist eine alte Frau aus Hamburg gestorben. Da sie hier keine Angehörigen hatte, sind wir Hamburger zum Abschiedsgottesdienst in die Kirche gegangen und haben sie dann auf ihrem letzten Weg begleitet.

**13. September 1943**

Von unserer Trudel kommt ein trauriger Brief. Sie hat unsere Anschrift an der Hauswand gefunden. Sie war so fröhlich zu ihrer Tante nach Wittstock in den Urlaub gefahren. Jetzt kommt sie zurück und unser Haus ist zerstört, ihr Vater vermisst und ihr Onkel mit seiner Familie in Hammerbrook in den Bombennächten ums Leben gekommen. Sie würde gerne zu uns kommen, sie hat große Sehnsucht, besonders nach unseren beiden Kleinen, die sie immer betreut hat. Von hier aus kann ich ihr aber nicht helfen. Tante Meta hat genügend Angestellte, es ist kein Arbeitsplatz frei.

Reni, wie unser Mücklein nun heißen muss, wird in Haynau zur Schule gehen. Ihre Anmeldung war in Hamburg in der Averhoffstraße erfolgt, doch auch diese Schule wurde während der Angriffe zerstört. Nach einer Anmeldung wird hier nicht mehr gefragt, auch nicht nach dem Ahnennachweis, den wir dort noch vorlegen mussten. Schulanfang für Renate. Mit vierzehn Tagen Verspätung ist sie in die Schule am Schlossplatz aufgenommen worden. Ein Schulanfang ohne die übliche Schultüte, auf die sie sich schon so lange gefreut hatte. Sie hat kein Schulränzel mehr, das hing fertig gepackt in Hamburg an der Diele. Vielleicht finden wir noch eine mitleidige Seele, die uns eine Schultasche schenkt. Den Schulanfang unseres Mückleins hatten wir uns anders gedacht.

Es ist schwer für sie, den Schulkameraden verständlich zu machen, weshalb sie keine Schultasche hat, weshalb ihr für die Schule all die Sachen fehlen, die für die anderen Kinder so selbstverständlich sind. All dies schließt sie aus der Klassengemeinschaft aus. Sie hatte zwar ein Mädchen gefunden, das in einer ähnlichen Lage ist, das auch mit den Eltern von irgendwo her gekommen und notdürftig in einem Heim untergebracht ist. Eine Freundschaft mit diesem Mädchen lehnen Onkel und Tante allerdings strikt ab. So bleibt unser Mücklein allein mit ihrer Sehnsucht nach ihrem Zuhause in Hamburg, das für uns so unerreichbar geworden ist. Nina fragt nicht nach der Vergangenheit. Es gibt hier so vieles, das für einen kleinen Jungen interessant ist: Hühner, die Eier legen, einen Hof, auf dem man herumtoben kann, einen Wagen, der sich hin und her schieben lässt.

Es ist jetzt ungewöhnlich heiß, auch nachts sind oft über 20 Grad. Die vielen und schweren Gewitter ängstigen besonders die Kinder. Sie glauben immer noch, es würden neue Bomben fallen, wie in Hamburg.

**September 1943**

Die Alliierten rücken in Süditalien immer schneller vor. Der gefangene Mussolini wurde durch einen Handstreich der SS wieder befreit. Der Duce ist für die Deutschen keine Hilfe gewesen, nicht so wie Hitler es sich vorgestellt hatte, als er eine Verbindung mit ihm wollte. Die Kapitulation Italiens, von der schon während der Hamburger Bombenangriffe gesprochen wurde, ist nun Wirklichkeit geworden. Ob nun der Krieg eine günstige Wendung für uns nehmen kann? Dann könnten wir auch an eine Möglichkeit zur Rückkehr denken.

Kurt schreibt:

*Hamburg, 17. September 1943*

*Meine liebe Ilse,*
*jetzt ist alles schwer in Hamburg. Das Gehen zwischen den Trümmerhaufen ist mühsam. Auf dem Hopfenmarkt wird gesprengt. Es knallt den ganzen Tag in der Stadt, dadurch wird immer wieder viel Staub aufgewirbelt. Auf den Trümmerhaufen und an den Hauswänden sieht man geschriebene Zettel, auf denen Adressen oder Anfragen stehen.*

*Durch die Innenstadt und Barmbek kann keine Straßenbahn fahren, Hamm und Hammerbrook sind ganz gesperrt. Einige Straßenzüge sollen zugemauert werden für etwa zehn Jahre. Das wäre dann das Jahr 1953. Es ist noch nicht möglich, die dort verschütteten Leichen zu bergen.*

*Auch die Michaeliskirche ist schwer von den Bomben getroffen worden. Um die Kirche herum gibt es viele Bombentrichter. Der kleine Michel, Hamburgs katholische Kirche, soll völlig vernichtet sein. Der Turm liegt im Kirchenschiff.*

*Liebe Ilse, hast Du denn nun genügend Zeit, nicht nur über unseren Verlust im allgemeinen nachzudenken, sondern wie wir unsere verbrannte Habe wiederkriegen? Wir müssen doch noch einen Antrag einreichen und den Schaden anmelden. Den größten Teil der Möbel habe ich ja schon aufgeschrieben, den Rest wissen wir wohl noch aus dem Kopf. Aber nun die Wäsche und die Kücheneinrichtung. Das soll doch nach Möglichkeit alles detailliert sein ...*

*Wie weit bist Du mit dem Antrag für den Familienunterhalt? Hast*

Hammerbrook wurde zum der größten Massengrab der Stadt. In nur einer Nacht kamen hier Tausende in den Flammen um. Da dieser Stadtteil Anfang des Jahrhunderts in einem Moor- und Sumpfgebiet erbaut worden war, gab es kaum Keller unter den Häusern. Für die Bewohner waren zwar in den ersten Kriegsjahren große Luftschutzbunker gebaut worden, doch wer es nicht mehr in den Bunker schaffte, war dem riesigen Feuersturm schutzlos ausgeliefert. Einige versuchten, sich vor den Flammen mit einem Sprung in das Wasser der Fleete zu retten, wo sie ertranken oder von nachstürzenden Trümmern erschlagen wurden. Die vielen Leichen konnten nicht sofort aus den Trümmern geborgen und abtransportiert werden, daher hat man die Straßen zugemauert, um die Ausbreitung von Seuchen zu verhindern.

*Du da noch Schwierigkeiten? Anstellen brauchst Du Dich da nicht. Das ist im zweiten Stock des Bürgermeisteramtes. Es muss bald sein, denn die Behörden zahlen nichts nach. Na, überlege Dir das mal alles in Ruhe. Die Schadensaufstellung hat eventuell bis Oktober Zeit, aber die wenigen Tage, die ich bei Dir in Haynau bin, werden wir hoffentlich nicht mit dieser Liste ausfüllen.*

*Werner möchte doch die Briefanschrift sauberer und deutlicher schreiben, da die Post für mich jetzt an das Geschäft geht. Ich war gerade auf einer Geschäftsreise, als sein Brief ankam. So haben ihn alle Mitarbeiter gelesen, natürlich nicht den Inhalt, sondern nur den Umschlag. Ich füge ihn bei ...*

*Grüße alle, besonders Reni und den kleinen Günti von mir und sei besonders herzlichst gegrüßt von*
*Deinem Kurt*

Ich arbeite jetzt einige Stunden beim Onkel im Büro und helfe der Tante im großen Haushalt. Das Arbeiten tut mir recht gut, arbeiten, bis die große Müdigkeit da ist. So komme ich über all das Leid und die Gedanken an das Verlorene besser hinweg.

Ich sehe in Haynau nur eine Übergangslösung. Wir haben hier sehr viel Hilfe, aber man weiß doch nicht, wohin die Reise weitergehen soll. Irgendwo muss es doch für uns auch wieder ein Ziel geben.

**Ende September 1943**

Jetzt erreichen mich auch mehr Briefe von Freunden, Kurt schickt häufiger Zeitungen, so dass ich mir besser vorstellen kann, wie es jetzt in Hamburg aussieht. Die Zimmer bei Pastor Graf in Wittenburg haben wir behalten, um die so mühsam aus unserer Wohnung geretteten Sachen dort aufzubewahren. Wir hoffen immer noch, wieder einmal ein eigenes Heim einrichten zu können.

**3. Oktober 1943**

Wieder ein Sonntag in der Kirche, die wir mit der ganzen Familie besuchen müssen. Onkel Erwin hält das für sehr wichtig, besonders in dieser Zeit. Der Pastor spricht von den Völkern dieser Erde, die nicht hören können und auch nicht hören wollen. Er bringt dies in Verbindung mit der Kapitulation Italiens. Gibt es wirklich eine Hoffnung, dass die Völker dieser Erde eines Tages hören wollen?

Nach dem Mittagessen spreche ich mit Tante Meta über Martins Schicksal. Die Tante ist bereit, ihn hier in Haynau aufzunehmen, doch die Lagerführung will ihn dort behalten: "Er ist Hamburger und seine Schule wurde evakuiert, also muss er in seiner Schule bleiben!" Ich muss morgen einen Antrag an die Hitler-Jugend-Gebietsführung in Bayreuth schreiben und um Rückführung bitten. Wenn das nicht genehmigt wird, werde ich hinfahren, und ihn einfach selbst abholen. Er ist mein Sohn und ich habe das Recht, selbst über sein Schicksal zu bestimmen.

**10. Oktober 1943**

Nun kann man wieder telefonieren mit Hamburg, aber es gibt kaum eine Verbindung. Die wenigen Leitungen sind immer besetzt. Die vielen getrennt lebenden Familien benützen das Telefon häufiger als zu normalen Zeiten, denn falls man wirklich eine Verbindung bekommt, weiß man sofort, dass alles noch in Ordnung ist. Briefe dauern unverhältnismäßig lange oder kommen gar nicht an.

Eine neue Verfügung in Hamburg: es dürfen keine Männer mehr in die Luftschutzkeller oder Bunker. Sie sollen vor den Haustüren oder auf den Dächern darauf achten, ob Brandbomben fallen, damit gleich gelöscht werden kann. Eine andere Verfügung befiehlt, dass alle Zwischenwände auf den Dachböden entfernt werden sollen. Es dürfen keine Kohlen auf den Böden gelagert werden. In vielen Häusern aber sind die Keller zu Luftschutzräumen umgebaut worden. Wo soll man jetzt die Kohlen lagern, wenn im Winter geheizt werden muss?

Vorläufig wird es wohl keinen Angriff mehr auf Hamburg geben. Die Sirenen heulen nur, wenn die Bomber an Hamburg vorbei nach Berlin weiterfliegen.

Endlich bekommt man auch in Haynau Bezugsscheine für Ausgebombte. Man kann sogar noch etwas damit kaufen, obwohl inzwischen auch nach Schlesien immer mehr Verwandte aus Hamburg und Berlin gekommen sind. Ich habe Bettwäsche und Handtücher und zwei Hemden für jeden bekommen. Unser Koffer ist nach acht Wochen immer noch nicht aufgetaucht. Es gibt sogar Kaufgenehmigungen für Möbel und Möbelgeschäfte, die sehr schöne Sachen ohne Bezugsscheine anbieten. Aber an Möbel mag ich noch gar nicht denken. Auch nicht an eine Wohnung. Ich überlege oft, welche Möglichkeiten es für uns geben könnte.

## 20. Oktober 1943

Es ist merkwürdig, wie sich das äußere Leben hier kaum verändert hat. Gestern hatte die Tante die übliche Kaffeegesellschaft der Damen eingeladen, und natürlich soll ich nun dazugehören. Es wird viel diskutiert, die Entwicklung in Italien, wie werden sich die Franzosen verhalten, was kommt noch aus Russland auf uns zu? Frau Heinrich meint, nach ihrer Vorstellung müsste der Krieg mindestens zwei weitere Jahre dauern, ehe wir die Möglichkeit haben, einen Sieg zu erringen. All dies ist für mein Gefühl eine andere Welt geworden. Meine Meinung: lieber schnell ein Ende, wenn auch ohne zu siegen. Doch diese Ansicht darf ich natürlich nicht laut sagen, sonst ...

Mein Antrag an die Hitlerjugend-Führung, Martin nach Haynau holen zu dürfen, ist genehmigt. Ich habe ihn gleich für die Reise angemeldet.

Kurt schreibt:

*In Hamburg versucht man jetzt, eine Art Schulbetrieb wieder aufzubauen. In der Klosterschule sind einige Reihen von Schulabteilungen untergebracht worden. In allen Oberschulen, in denen*

*16jährige Schüler als Luftwaffenhelfer an einer 2-cm-Vierlingsflak mit Schwebekreisvisier beim Objektschutzeinsatz in Hamburg-Wilhelmsburg im März 1944 (dpa)*
So lautete die offizielle Bildunterschrift. Anfangs waren die Schüler begeistert und fanden das ‚Krieg spielen' toll. Aber damit war es bald vorbei. Als die ersten Bombenvolltreffer auf die Flakgeschützstellungen niedergingen, kamen viele Jungen ums Leben. Einige Klassen wurden regelrecht dezimiert. Mit 17 Jahren zog man die Jungen oft zur regulären Wehrmacht ein, mit 18 waren sie Frontsoldaten – und sehr viele von ihnen kamen nicht mehr zurück.

*Unterricht von der siebten Klasse an erteilt wird, sind die Jungens gleichzeitig als Luftwaffenhelfer verpflichtet und den Flak-Batterien in der Stadt zugeteilt worden.*

**26. Oktober 1943**

Der Oktober geht zu Ende und es wird schon empfindlich kühl. Auch Kurt berichtet von vielen Herbststürmen in Hamburg, die die Mauern einreißen. In St. Georg wurde eine Straßenbahn verschüttet, noch immer kommen Menschen ums Leben.

Sein Verlag arbeitet jetzt wieder in Hamburg. Das Pendeln zwischen Lübeck und Hamburg hat viel Kraft und Zeit gekostet. Das Bürohaus ist immer noch in demselben Zustand wie im August. Die Scheiben sind zerstört und Glas ist nirgendwo zu bekommen. Die Glasschäden sind so umfangreich, dass es sehr lange dauert, bis man das beantragte Glas zugeteilt bekommt. Kurt und seine Kollegen arbeiten in Mänteln, mindestens acht Stunden – sonst gibt es keine Lebensmittelzulagekarten. Der Betriebsobmann achtet genau auf die Einhaltung der Arbeitszeit. Fliegeralarm ist keine Entschuldigung für versäumte Arbeitsstunden, spätestens eine Stunde nach der Entwarnung muss der Betrieb wieder erreicht sein.

Es gibt jetzt auch wieder häufig Alarm und Voralarm. Frauen und Kinder, die noch in ihren teilweise stehen gebliebenen aber beschädigten Wohnungen sind und dort bleiben wollen, zittern jede Nacht, wenn das Radio nicht mehr spielt und damit Vorwarnung gegeben ist. Die meisten gehen nicht mehr in den Keller oder in einen Bunker, selbst wenn es dort ganz sicher sein soll. Verschüttet zu werden ist, wie man jetzt weiß, ein grausames Los.

Viele Hamburger versuchen, wenn eine U-Bahn-Linie in der Nähe ist, in den Tunnel zu kommen. Denn falls wirklich eine Bombe in der Nähe oder in den Bahnhof einschlägt, kann man entlang der Schienen ins Freie gelangen. Die Engländer sollen es auch so gemacht haben, als London angegriffen wurde. Es gibt Familien, die lieber draußen in ihren Wohnlauben in den Schrebergärten bleiben, als in eine Wohnung in der Innenstadt zu ziehen, obwohl Nebel und Regen in diesem Jahr früh gekommen sind. Viele haben versucht, ihre Laube winterfest zu machen. Auch in den Häusern wird es im kommenden Winter sehr kalt werden, da es kaum Heizmaterial zu kaufen gibt.

Warten wir auf den Frühling. Da kann sich manches geändert haben. Manches ist auch schon besser geworden: alle paar Tage wird wieder eine Straßenbahnlinie in Betrieb genommen. Das Wasser läuft in manchen Stadtteilen schon bis zum vierten Stock, Strom gibt es auch wieder und das Gas soll in der nächsten Woche kommen. Darauf warten viele sehnsüchtig, die keinen Kohlenherd in der Küche haben. Vielleicht gibt es dann auch wieder Lokale, die geöffnet haben und wo ein warmes Essen serviert wird. Jetzt ist es sehr schwierig, mittags Essen zu bekommen.

Mit den Telefonverbindungen nach auswärts ist es immer noch schwer. Man muss nach Rahlstedt oder eventuell nach Lübeck fahren, um eine Verbindung nach auswärts zu bekommen.

Martin ist jetzt in Haynau. Nach einer sehr schwierigen Reise, die er als Zwölfjähriger alleine durch das Kriegsdeutschland machen musste, ist er angekommen und geht jetzt hier zur Schule. Wäsche, Kleidung und sogar Schuhe habe ich endlich auf unsere Bezugsscheine kaufen können. Für Kurt in Hamburg ist das natürlich weitaus schwieriger.

**5. November 1943**

Es wird sehr früh dunkel und draußen fällt der erste Schnee. Jetzt wird es also ernst mit dem Winteranfang. Der Bürgermeister von Haynau hat uns eine einmalige Zahlung von 185 Reichsmark für den Verlust unserer Habe zugewiesen. Für vier Personen ist das wenig, viele alleinstehende Menschen bekommen 100 Reichsmark. Ich muss dafür Winterkleidung kaufen und meine kleinen Ausgaben bestreiten. Hätten wir nicht außerdem Kurts Gehalt, wäre dies keine große Hilfe, denn Arbeitsmöglichkeiten gibt es in dieser überbelegten Stadt kaum.

Das Erstaunliche ist, dass Kurts Verlag immer noch arbeitet, allerdings nur noch die Abteilung, die eine wöchentliche Transportzeitung herausgibt. Darin können sich Spediteure informieren, welche zivilen Verkehrsverbindungen in Deutschland noch möglich sind, welche Eisenbahnlinien und Binnenschifffahrtswege Güter befördern und wo man diese lagern kann. Informationen für diese Zeitung zu bekommen ist verständlicherweise sehr schwer, und so fährt Kurt kreuz und quer durch Deutschland und versucht dabei außerdem, bei Spediteuren und anderen Firmen Anzeigenaufträge zu bekommen. Ich wundere mich immer wieder, dass es in diesen Kriegswirren so etwas noch gibt.

Für ihn ist dies jedoch alles sehr mühsam und anstrengend. Er ist unglücklich über die so kurzen Wochenendbesuche zwischen zwei Geschäftsreisen. Doch um alle Probleme zu besprechen, nimmt er die vielen strapaziösen Umwege auf sich. Vor allem unser Wohnungsproblem. In Haynau haben wir keine Möglichkeit für ein eigenes Familienleben. Auf die Dauer ist das unerträglich, auch für die Tante und ihre Familie. Gäste sind wir nicht mehr und zur Familie gehören wir ja eigentlich auch nicht. Kurts Besuche und die drei Kinder in den zwei Mansardenzimmern bringen viele Belastungen mit sich. Außerdem wird Tante Metas Tochter Lilo bald von ihrem Einsatz im Reichsarbeitsdienst zurückkommen.

**6. November 1943**

Neben den Lebensmittelkarten, die es in ganz Deutschland gibt, werden in Hamburg so genannte ‚Sonderzuteilungen' aufgerufen. Auf einem Extraabschnitt der Lebensmittelkarte gibt es nach jedem Alarm mit Angriff sogar ab und zu eine kleine Portion richtigen Kaffee. Für Ausgebombte werden Sammelgutscheine mit 15 Bons für Kleidung oder Strümpfe ausgegeben. Darauf könnte man alles kaufen falls es noch etwas gäbe.

Es werden jetzt fleißig alte Ziegelsteine gesammelt. Das ist auf eigene Gefahr und ohne Genehmigungen erlaubt. Frauen und Kinder beteiligen sich. Einige Familien sollen es auf 28 000 Stück gebracht haben.

Steinesammler bei der Arbeit. Brauchbare Steine wurden aus den Trümmern herausgesammelt, von Mörtel und Zement befreit und aufgestapelt. Mit Karren, Fahrradanhängern, manchmal sogar mit kleinen Paletten in der Straßenbahn brachte man sie zu den Selbsthilfe-Baustellen in den Vororten. Wer Glück oder Beziehungen hatte, organisierte sich einen Lastwagen, um das kostbare Baumaterial zu transportieren.

Und so sahen diese neuen Eigenheime aus. Hier wurden die stehengebliebenen Wände einer Ruine in das Bauwerk einbezogen.

Die Steine werden abgeklopft und zum Abholen aufgestapelt. Sie werden außerhalb der Stadt zum Ausbau oder zum Ausbessern der Wohnlauben in den Schrebergärten verwendet.

Heute hatten wir den Besuch eines Neffen von Onkel Erwin, direkt aus Kiew, von der Polizeitruppe. "Natürlich getürmt", sagte er, wobei offen blieb, wie ernst er dies meinte. Dann allerdings versuchte er uns sehr ernsthaft die Lage zu erklären: "Die Russen werfen alle Truppen und Panzer nach vorne an die Front, weil sie glauben, dies sei der Endspurt." Er glaubt, dass sich bis Weihnachten der Krieg in Russland entscheidet. Seit Pfingsten soll der Rückzug schon planmäßig vorbereitet sein. Was dann aus uns werden soll, ist unübersehbar.

**7. November 1943**

Heute habe ich in einem Geschäft eine Hamburgerin getroffen, die wieder zurück fahren wird. Ihre Firma hat eine leerstehende Villa in Bergedorf bekommen. Dort soll dann ein Gefolgschaftsheim (Wohnheim) für die Angestellten der Firma eingerichtet werden. Die Arbeitsfront (Gewerkschaft) und die NSDAP-Gauleitung unterstützen solche Vorhaben, geht es doch auch darum, Hamburgs Wirtschaft wieder in Schwung zu bringen.

Ein Kollege von Kurt, Herr Bach, beginnt, auf seinem Grundstück in Sasel ein Haus zu bauen. Das Fundament aus gesammelten Ziegelsteinen, darüber Bretterwände, auch eine Lösung! Mir wird immer deutlicher, dass wir uns bald eine eigene Wohnung schaffen müssen.

In Kurts Bürohaus in der Schmilinskystraße wären zwei Zimmer frei. Es könnte dort sogar ein Kohlenherd eingebaut werden. Aber niemand will in der Innenstadt wohnen, sogar die Sekretärin Frau Siegmund bleibt mit ihrem Kind lieber in einer Betonlaube in ihrem Schrebergarten, als in das Bürohaus in der Innenstadt einzuziehen. Eine der Frauen hat sich in Rissen ein Haus gekauft. Geld wollten die Verkäufer nicht haben, sie hat mit ihrem geretteten Schmuck bezahlt. Geldschränke uns Safes unter den verschütteten Banken und Sparkassen werden von Strafgefangenen unter strenger Aufsicht freigelegt. Wahrscheinlich ist aber alles, was man darin finden kann, verschmort. Ob wohl unsere Dokumente und mein Schmuck den Feuersturm einigermaßen unversehrt überstanden haben?

## 11. November 1943

Hier in Schlesien ist die Welt auch nur noch scheinbar in Ordnung. Soldaten, die trotz der angespannten Lage aus einem besonderen Grund Urlaub erhalten, schweigen. Oder sie berichten Dinge, die uns an den versprochenen Endsieg nicht mehr glauben lassen. Wenn die Ostfront nicht mehr hält, was wird dann aus Schlesien? Was wird dann aus uns? Gibt es dann noch einen Weg nach Norden in die Nähe von Hamburg?

Kurt will unbedingt wieder zurück. Er ist der Meinung, noch lasse sich nicht übersehen, wie sich die Lage im Osten entwickeln wird – und dann sind die Russen schneller in Schlesien als in Hamburg. Onkel Erwin hat sich über Kurts Meinung sehr aufgeregt. Er meinte, das grenze schon an Hochverrat. Dass die Männer so unterschiedlicher Auffassung über unsere augenblickliche Lage sind, ist im Augenblick eine neue Schwierigkeit für unser Zusammenleben.

Nach Altona zurück? In die Wohnung der Eltern? Auch dies ist im Augenblick nicht mehr möglich. Es gibt dort keine Zuzugserlaubnis für Familien mit Kindern. Werner und Opa Ahrens haben die Wohnung in der Glücksburger Straße mit sehr mühsam besorgten dreizehn Glasscheiben wieder bewohnbar gemacht, aber unsere Rückkehr dorthin mit den Kindern wäre nur besuchsweise und für kurze Zeit möglich.

Im Hamburger Fremdenblatt finden wir zufällig eine Bekanntmachung. Dort heißt es: "Wer total geschädigt ist und bisher noch keine Wohnung erhalten hat, aber ein Grundstück nachweisen kann, soll die Möglichkeit erhalten, auf diesem Grundstück ein Behelfsheim aufzustellen."

Darunter gibt es einen weiteren Artikel, in dem Wochenendhäuser für 1700 Mark angeboten werden. Wir haben ein Grundstück in Aumühle, am Rande des Sachsenwaldes. Doch Aumühle gehört nicht zu Hamburg. Um dort bauen zu können, braucht man wahrscheinlich eine Baugenehmigung für Schleswig-Holstein. Man müsste einmal mit dem Gemeindevorsteher in Aumühle sprechen.

Da Kurt nicht die Zeit hat, sich bei allen Behörden zu informieren, werde ich einige Tage nach Hamburg fahren, um herauszufinden, wie die Idee eines Behelfsheimes in die Tat umzusetzen ist. Es wird sehr kompliziert sein, diese Tage zu planen. Hier wird meine Hilfe gebraucht, besonders jetzt vor Weihnachten, wo es im Haushalt niemanden gibt, der sich um die Kinder kümmern könnte. Doch die Tante verspricht, Hilfe zu finden, sonst muss ich mit meiner Reise bis nach Weihnachten warten.

**Hamburg, 19. November 1943**

*Liebe Ilse,*
*ich habe hier noch viel zu tun, um die Leserzahl wieder auf den alten oder (wg. Druckpapierkontingent) höchstzulässigen Stand zu bringen. Aber richtig ausgelastet sind wir alle nicht, einschließlich der Buchhaltung wo heute trotz der Verkleinerung unserer Geschäfts immer noch zwei Hauptbuchhalter sitzen. Der Kollege Bach ist in Paris und lebt da einen guten Tag bei der Transportkommandantur. ...*

*Die Einlegesohlen mit Pelzbesatz könnte ich gut gebrauchen. Ich habe jetzt immer so kalte Füße. Das nasskalte Wetter macht sich in diesem Jahr besonders unangenehm bemerkbar. Morgen fahre ich nach Wittenburg, um den Radioapparat zu holen. Sonst ist es zu öde in der Glücksburger Straße.*

*Werner hat in den letzten Tagen unsere Wohnung immer schön aufgeräumt. Aber wenn er jetzt wieder zur Schule geht, hat er hierfür weniger Zeit.*

*Gestern hatten wir zweimal am Abend Alarm. Wir hatten schon eingeheizt und mussten den Abend sprungbereit im Korridor sitzen. Zuletzt kochten wir uns eine warme Tasse Tee, dann wurde geschossen, so dass wir nach unten flüchten mussten. Als endlich Entwarnung kam, war der Tee kalt.*

*Vor den Wild- und Geflügelläden, den Milchläden und vor allem vor den Konfektionsgeschäften stehen immer noch Schlangen von Menschen. Die meisten Leute haben in ihren Wohnungen noch immer keine Fensterscheiben. Mit Pappe und Bretterverschlägen wird der Wind abgehalten. Es kommt kein Licht in das Zimmer aber umso mehr Kälte. Dennoch geht es uns immer noch nicht am schlechtesten. ...*

*Hoffentlich bekommt Werner heute ein richtiges Feuer hin, damit wir abends etwas warm sitzen.*
*Es grüßt Dich*
*Dein Kurt*

**Haynau, 21. November 1943**

*Mein lieber Kurt,*
*Totensonntag. Allerlei Gedanken gehen mir immer durch den Kopf. Gewiss ist es in Hamburg sehr viel schwerer für Euch, denn nichts mag schwerer sein, als an diesen Tagen an den Ruinen vorbeizugehen und daran zu denken, wie viel Glück und friedliches Leben zerstört ist. Sonst war Totensonntag für mich ein Tor zu einer schönen, wenn auch arbeitsreichen Weihnachtszeit. In diesem Jahr wird es mir schwer, an dieses frohe Fest zu denken, trotzdem ich Euch erwarten darf. Tief in mir verborgen sitzt das Heimweh und puckt wie ein kranker Zahn.*

*Du schreibst etwas von ruhiger Geborgenheit. Glaube nur nicht, dass ich es leicht habe. Auch ich habe es schwer, wenn auch auf eine andere Art. Weißt Du, was mir mein Heim war, die Verbindung mit Dir? Und nun bin ich losgelöst von allem, und versuche zu leben ohne darüber nachzudenken. Zum Glück habe ich auch keine Zeit zum Grübeln. Dies bedeutet nur eine Übergangszeit für mich und auch für Dich.*

*Ich arbeite jeden Tag für unsere neue Heimat. Und ich erkenne immer mehr, dass nur hier in Haynau für uns die Möglichkeit besteht, wieder gut und fest den Grund zu finden. Du schreibst ja selbst, wie schwer es in Hamburg ist, etwas zu bekommen. Ich habe schon fast die ganze Wäscheausstattung beisammen. Wäsche und Kleidung ist erst mal das Wichtigste. Damit sind wir jetzt ausreichend versorgt. Nun heißt es nachdenken, wo und wie kommen wir zu einer Behausung. ...*

*Natürlich haben wir Geld zum Bauen, nämlich:*
*7 000 Mark müssen wir uns von Opa Ahrens pumpen*
*2 500 Mark von Deinem Vater*
*1 000 Mark von meinem Sparbuch*
*1 000 Mark vom Postsparbuch*
*5 000 Mark vom Verlag Arpa (Kurts Arbeitgeber)*
*9 500 Mark haben wir erstmal.*

*Dann kommt noch die Entschädi-gung für den Bombenschaden. Die Liste habe ich fast fertig. Aber jetzt sind die Formulare alle und ich muss neue besorgen. Und dann bekommen wir bestimmt noch eine Hypothek von der Sparkasse.*

*Nun für heute wieder mal Schluss. Mein lieber Junge, lass nur den Kopf nicht hängen, weil es nun nicht so geht, wie wir es uns dachten. Sieh mal, mir geht es genauso wie Dir. Jeden Tag fehlst Du mir und immer denke ich, wenn ich nur bei Dir wäre, aber man kann es nun mal nicht ändern. Da wollen wir stark bleiben und uns vom Kleinkram des Lebens nicht mürbe machen lassen. Wir heben alles auf für eine viel schönere Zeit.*

*Erst jetzt wissen wir so recht, was wir aneinander hatten, aber auch, was uns das Leben dann wieder schenken wird.*
*Liebe Grüße und Küsse,*
*Deine Ilse*

**3. Dezember 1943**

Aus meiner Hamburgreise noch vor Weihnachten ist nun endgültig nichts geworden. Die Kinder wurden krank: Scharlachverdacht. Die Krankenhäuser haben keine Aufnahmemöglichkeiten mehr und die Ansteckungsgefahr ist infolge der Überbelegung des Wohnraums ungewöhnlich groß.

Auch andere Schwierigkeiten gibt es plötzlich. Eines Tages erhalten zwei Verkäufer und der Lagerarbeiter des Onkels einen Gestellungsbefehl. Sie müssen sich beim Wehrersatzamt melden und werden eingezogen. Das kommt für uns alle überraschend, denn die drei sind eigentlich wegen ihrer schwachen Gesundheit nicht wehrtauglich und durften daher im Geschäft weiter arbeiten. Auch Maria, eine Polin, die im Haushalt mithalf, muss uns verlassen, weil sie in einer Fabrik arbeiten soll. Sie ist sehr traurig und wir auch, denn wir haben sie sehr gern. Das bedeutet für die Tante und mich zusätzliche Arbeit bis spät in die Nacht.

Im Geschäft müssen Sonderzuteilungen für Waren, die Weihnachten ausgegeben werden sollen, bestellt werden. Das ist in diesem Jahr nicht so einfach, denn die Post hat eine Paketsperre verhängt. Es sind nur bestimmte wichtige Sendungen zugelassen, denn im Augenblick gibt es viel zu viele Pakete. Selbst der Weihnachtsverkehr an die Front wird eingeschränkt. Das bedeutet für das Geschäft, dass bestellte Lieferungen nicht ankommen, und dass wir Zuteilungen nicht ausgeben können, obwohl sie von den Gemeindeämtern aufgerufen wurden. Weihnachtspakete nach Hamburg zu schicken ist völlig unmöglich.

Die Adventszeit beginnt. Die Kinder freuen sich auf den Adventskranz mit seinen Lichtern. Abends singen wir Weihnachtslieder, und wenn ich sie ins Bett bringe, lese ich ihnen ein Weihnachtsmärchen vor.

In Hamburg und Berlin ist jetzt jede Nacht Alarm. Am letzten Montag gab es einen Großangriff auf Berlin. Besonders das Regierungsviertel soll getroffen worden sein, die Reichskanzlei und der Zoo. Und was es für mich besonders schwierig macht: auch der Lehrter Bahnhof soll etwas abbekommen haben. Im Augenblick fahren die Züge von Haynau/Liegnitz nur über Stettin nach Hamburg. Die Züge von Hamburg nach Berlin enden schon in Nauen. Von dort muss man sehen, wie man weiterkommt. Das heißt: stundenlang auf Anschlüsse warten. Nun war es doch gut, dass ich nicht im Dezember gefahren bin, die Reise von Schlesien nach Hamburg und zurück hätte leicht in eine Katastrophe münden können.

## 20. Dezember 1943

Advent! Kein Adventsnachmittag mit den Kindern. Auch die Sonntage sind ausgefüllt mit der Arbeit fürs Geschäft. Sonderzuteilungen abwiegen und die Abschnitte der Lebensmittelkarten ordnen und einkleben. Es geht uns aber im Gegensatz zu vielen anderen noch sehr gut. Es gibt schlimmere Schicksale als das unsrige.

Freude auf Weihnachten? Unsere Familie wird wieder einmal beisammen sein. Wir werden planen und hoffen können. Die Tante hat mir ein schönes Licht für die Kinder gegeben. Dies zünden wir am Abend an und dann werden Geschichten erzählt.

Mir fällt ein schöner Vers aus einem Gedicht von Rilke ein:

Wer jetzt kein Haus hat, baut sich keines mehr.
Wer jetzt allein ist, wird es lange bleiben,
Wird wachen, lesen, lange Briefe schreiben
Und wird in den Alleen hin und her
Unruhig wandern, wenn die Blätter treiben.

## Weihnachten 1943 in Schlesien

Am 23. mittags kommen Kurt und Werner aus Hamburg an. Sie haben eine sehr lange, anstrengende Fahrt hinter sich und waren fast 20 Stunden unterwegs. Der Weg über Berlin war wegen einer kaputten Brücke gesperrt und sie mussten über Dresden fahren.

Vor Dresden hat der Zug viele Stunden auf offener Strecke gestanden. Jetzt sind sie froh, dass sie ein Weihnachtsfest wie im Frieden feiern können.

Ein Weihnachtsfest mit Kirchgang, einem schönen Lichterbaum, Geschenken und Gänsebraten. Nach einem Jahr ist die Familie zum ersten Mal wieder vollzählig zusammen.

Kirchgang am Heiligen Abend. Die Kirche ist gefüllt bis auf den letzten Platz. Viele Menschen besuchen die Kirche nur einmal im Jahr mit der ganzen Familie. Die Predigt: "Friede auf Erden und den Menschen ein Wohlgefallen", das Thema für die Auslegung der Weihnachtsbotschaft wie in jedem Jahr.

Auch an diesem Abend. Friede auf Erden. Wir alle wünschen uns das auf Gottes weiter Erde. Friede auf Erden, wann werden wir wieder einmal Frieden bekommen auf dieser Erde? Tausende starben im letzten Jahr durch Krieg und Bomben. Viele leben einsam und verloren an einem fremden Ort.

Wir denken an die Menschen, die uns am letzten Weihnachtsfest noch so nahe waren und nun unter den Trümmern unserer Städte begraben sind, an Familien, die wie wir kein eigenes Zuhause mehr haben oder irgendwo weiterleben, ohne voneinander zu wissen. An den versprochenen ‚Endsieg' kann man auch kaum noch glauben. Was hat Christus mit seiner Friedensbotschaft gemeint: "Friede in uns selbst und Hilfe für den Nächsten"?

Unter dem wunderschönen Tannenbaum mit vielen Lichtern und glitzerndem Schmuck liegt Spielzeug für die Kleinen, Spiele und Bücher und so manches nützliche Stück für die Großen. Auch die Pakete der Großeltern sind rechtzeitig angekommen. Kuchen, Gänsebraten und Süßigkeiten, alles ist vorhanden. Kein Alarm, keine Bomben. Ein Leben wie es war, ehe der Krieg unsere Welt zerstörte. Doch wie kann man vergessen, was seit dem letzten Weihnachtsfest geschah? Kann man in dieser Zeit noch Freude und Schmerzen richtig empfinden? Was bleibt ist die Hoffnung und die Zuversicht, dass es irgendwie weitergehen wird.

**31. Dezember 1943**

Nun endet das alte Jahr, heute ist Altjahrsabend, wie es hier in Schlesien heißt. Das Jahr ist vergangen, ein Jahr, das viel Leid und Schmerzen über die Menschen gebracht hat. Noch sind wir alle beisammen, noch fehlt niemand aus unserem Familienkreis.

Die Kerzen am Tannenbaum sind wieder angezündet, und wir versuchen, fröhlich zu sein. Zwölf Uhr, die Kirchenglocken läuten vom Kirchturm ein neues Jahr ein. Das alte Jahr ist vergangen, ein neues Jahr hat begonnen.

Was wird es uns bringen?

## Das Jahr 1944

Ein neues Jahr, aber noch immer hängt der Himmel für die Menschen voller dunkler Wolken. Die Nachrichten von der Front werden immer bedrohlicher. Wir müssen zurück nach Hamburg. Nur dort können wir feststellen, wie es mit uns weitergehen soll. Hier in Schlesien liegt für uns keine Zukunft. Wenn wir den Absprung jetzt nicht wagen, werden wir es niemals schaffen. Der Onkel ist mit unseren Überlegungen natürlich überhaupt nicht einverstanden. Er glaubt, trotz all der schlechten Nachrichten, noch immer an einen Endsieg unserer Truppen.

Kurt und Werner sind inzwischen nach Hamburg zurückgefahren. Es ist wieder eine sehr lange und schwierige Reise gewesen. Schon in Liegnitz gab es hundert Minuten Aufenthalt in einem eiskalten, überfüllten Wartesaal. Der Zug, der aus Berlin kommen sollte, hatte endlos Verspätung und seine Durchfahrt musste erst abgewartet werden, ehe der Zug nach Berlin abfahren konnte.

## 10. Januar 1944

Unsere Rückkehr nach Hamburg ist noch immer nicht möglich. Kurt ist für die Firma dauernd auf Reisen, er hat keine Zeit, sich um eine Unterkunft für seine Familie zu kümmern.

Wenn sich die Verhältnisse in Hamburg wieder normalisieren, können Kurts Eltern und vielleicht auch seine Schwester aus Wittenburg wieder zurück in ihre alte Wohnung. Das bedeutet aber, dass für unsere Familie dort dann kein Platz mehr ist. Außerdem gibt es mit Kindern keine Aufenthaltsgenehmigung in Hamburg, nur eine befristete Genehmigung zum Besuch der Eltern oder Großeltern, soweit diese noch im Besitz bewohnbarer Räume sind. Diese Genehmigung werde ich für mich benutzen, um nach Hamburg zu fahren, in der Hoffnung, dort etwas für uns zu finden. Dann werde ich nach Aumühle fahren, um unser Waldgrundstück anzusehen. Vielleicht gibt es doch eine Chance, ein Behelfsheim aufzustellen? Dazu muss ich allerdings die bestehenden Vorschriften bei den Behörden in Erfahrung bringen.

Es gibt aber auch eine gute Nachricht aus Hamburg: Trudel darf wieder in unsere Familie zurückkehren. Die Gaustelle der NS-Frauenschaft hat meinen schon im November gestellten Antrag beantwortet und erlaubt nun, dass Trudel ihre hauswirtschaftliche Lehre in unserer Familie beendet. Sie ist sehr glücklich darüber und wird zunächst einmal für Kurt und Werner in der Glücksburger Straße sorgen. Und, falls wir zurückkehren, später auch für uns.

Es ist nicht leicht für sie, denn Gas gibt es dort noch immer nicht. Sie muss versuchen, auf dem alten Küchenherd mit gesammeltem Holz und den Kohlen vom letzten Winter zu kochen.

**22. Januar 1944**

Eine Schreckensnachricht aus Hamburg. Kurt hat angerufen: Werner bekam einen Einberufungsbefehl! Er muss sich am 31. Januar bei einem Transportkommando auf dem Altonaer Hauptbahnhof melden. Seine Einheit liegt in Eydtkuhnen in Ostpreußen, kurz vor der Grenze zu Russland. Tröstlich ist nur, dass er ja erst ausgebildet werden muss, bevor er an die Front kommt. Nun haben wir noch eine Sorge mehr.

**5. Februar 1944 in Hamburg**

Endlich gelingt es mir, für einige Tage nach Hamburg zu fahren. Es ist wichtig, vor einer endgültigen Rückkehr eine Übersicht zu haben, welche Verhältnisse uns dort erwarten.

**7. Februar 1944**

Nach einer langen und unruhigen Reise mit vielen Unterbrechungen, besonders durch Alarm, komme ich sehr spät auf dem Altonaer Bahnhof an. Auf dem Hauptbahnhof können die Fernzüge noch immer nicht

Der Rathausmarkt 1944, als er noch ‚Adolf-Hitler-Platz‘ hieß, wie die dazugehörige U-Bahn-Station. Die Laterne des Rathausturmes ist ausgebrannt, später neigte sich auch die Turmspitze bedrohlich zur Seite. Auf dem Trümmergrundstück in der Mitte steht heute die "Schlemmerhalle", in dem Haus auf der rechten Seite sind eine Reihe eleganter Modegeschäfte.

halten, weil dort so viel zerstört ist. Alle Züge müssen auf Behelfsgleisen nach Altona fahren, von dort aus muss man dann versuchen, auf irgendeine Weise sein Ziel zu erreichen.

Kurt hat lange lange warten müssen, um mich dann zurück zum Holstenbahnhof zu bringen. Von dort gehen wir zu Fuß bis zur Glücksburger Straße, glücklicherweise habe ich nicht viel Gepäck bei mir. Die Wege sind sehr glatt und verschneit. Der Schnee deckt alles Traurige zu, so dass man nicht so viel vom zerstörten Hamburg sieht, wie ich befürchtet hatte.

Trudel hat den Kachelofen im Wohnzimmer geheizt und ein schönes warmes Essen für uns vorbereitet. Es gibt gekochten Schellfisch. "Natürlich Fisch in Hamburg", meint unsere gute Trudel.

Nach einer sehr ruhigen Nacht, diesmal ohne Alarm, beginnt für mich die Arbeit. Was müssen wir tun, damit unsere Familie nach Hamburg zurückkommen kann?

## 8. Februar 1944

Es gibt immer noch keine Aufenthaltsgenehmigungen für nicht berufstätige Frauen und auf keinen Fall für Kinder. Ich muss mich auf den Weg machen, um einmal festzustellen, wie überhaupt die augenblicklichen Verhältnisse hier in Hamburg sind.

Es schneit immer noch, wenn auch wenig. Gestern sind die Ruinen der Straße "Ophagen" gesprengt worden. Auch sonst liegen noch überall Trümmer der gesprengten Ruinen auf den Straßen. Läden gibt es in den zerbombten Stadtteilen nicht mehr, Lebensmittel kann man hier in der Nähe kaum kaufen. Im oberen Eimsbüttel ist es noch schwieriger, besonders in Richtung Eppendorf. Am Grindel und in Hoheluft ist vieles abgesperrt. Da Trudel aber sehr genau weiß, wo man ohne viel Mühe einkaufen kann, sind wir recht gut versorgt. Beruhigend ist auch, dass der große Bunker, den wir bei Alarm benutzen sollen, gleich um die Ecke liegt. In den Keller geht anscheinend niemand mehr.

Sicher können wir die Wohnung in der Glücksburger Straße weiter benutzen. Aber was geschieht, wenn auch Kurts Schwester Annchen, die schon beim ersten Angriff ihre Wohnung am Hellkamp verlor, mit den Eltern wieder nach Hamburg zurückkehren will? Für alle ist kein Platz hier.

Nach meinem ersten Erkundungsgang durch Hamburg habe ich feststellen müssen, dass selbst eine vorläufige Rückkehr aussichtslos ist. Für eine Zukunft bleibt uns nur Aumühle. Doch wie werden wir mit alle den Schwierigkeiten fertig? Es wird schon irgendwie gehen. Schließlich ist es für uns die letzte Möglichkeit, wieder ein richtiges Leben zu führen!

Aumühle liegt in Schleswig-Holstein und den Bombenschaden hatten wir in Hamburg. Ein Kampf der Bürokraten zeichnet sich ab. ...

**9. Februar 1944**

Viel Zeit in Hamburg bleibt für mich nicht mehr. So will ich einen Tag nach Aumühle fahren, um zu wissen, was wir planen können. Kurt begleitet mich und hat sich einen Tag von der Arbeit freigemacht. Es hat sich auch schon erkundigt, auf welche Weise wir nach Aumühle kommen: mit einem Dampfzug vom Berliner Tor nach Bergedorf und dann mit dem Pendelzug nach Aumühle. Zu normalen Zeiten ist die Verbindung dorthin direkt und einfach. Aber im Augenblick muss man schon sehr froh sein, wenn es überhaupt klappt.

Unser Grundstück liegt am Ende des Ortes. Es ist ein Stück Wald mit einem wunderschönen Baumbestand. Der tiefe Graben, der sich durch das Grundstück zieht, könnte einmal gutes Gartenland abgeben. Hinter dem Graben ist der so genannte ‚Schwarze Sandweg', die Grenze zum Nachbarort Wohltorf, der seine eigene Verwaltung hat und zu einem anderen Kreis gehört, nämlich zu Stormarn. Vor Jahren, als wir dieses Grundstück bekamen, lag darauf eine Villenklausel. Sie schrieb vor, wie das Haus aussehen muss, dass hier gebaut werden darf und wie weit es von der Straße entfernt sein muss. Überall schöne große Villen in gut gepflegten Gärten, begrenzt durch hoch gewachsene Hecken – eine Welt für sich, dieses Aumühle. Ob diese Villenklausel auch heute noch gilt? Auch in unserem Fall? Denn es heißt schließlich, wer ein Grundstück besitzt, darf dort ein Behelfsheim aufstellen. Es ist nicht leicht, sich in dieser Umgebung ein Behelfsheim vorzustellen. Und schwer wird es sein, die dafür benötigten Kontakte herzustellen.

Es gibt noch ein anderes Aumühle, das liegt unten an der Bille. Die Dorfstraße heißt Große Straße und hat viele kleine Läden für den täglichen Bedarf. Dort wohnen, wie man uns sagt, auch die Handwerker.

Bei unserem Rundgang treffen wir Pastor Giesecke, den wir schon seit vielen Jahren kennen. Er hat in den dreißiger Jahren dafür gesorgt, dass Aumühle seine schöne Waldkirche bekam. Durch Pastor Giesecke bekommen wir viele wichtige Informationen. Da er die Gemeinde kennt, kann er uns manch guten Rat geben. Ihm gefällt die Idee, mit der Familie ganz nach Aumühle zu ziehen. Nur gibt es zur Zeit Zuzugssperre für Aumühle. Es stehen keine Zimmer mehr zur Verfügung. Ein Teil der schon untergebrachten Familien soll wegen mangelnder Kochgelegenheiten wieder ausziehen.

Eine weitere Schwierigkeit wird sein, dass Aumühle nicht zu Hamburg gehört, sondern zum Landkreis Lauenburg. Alle Genehmigungen müssen somit in der Kreisstadt Ratzeburg beantragt werden. Wir müssen also mit zwei Zuständigkeitsbehörden kämpfen: Bezugsscheine für Baumaterial bekommen wir Ausgebombten in Hamburg, Baugenehmigung und Zuzugserlaubnis müssen wir in Ratzeburg beantragen. Vor allem aber gibt uns Pastor Giesecke den Rat, den Zimmermeister Gamelin unten im Dorf aufzusuchen, der alle anderen Handwerker im Dorf kennt und für uns die notwendigen Verbindungen herstellen kann.

Die Gamelins haben ein Haus am Ende des Katzensteiges, wie Pastor Giesecke den schmalen Weg nennt, der vom Villenviertel hinunter ins Dorf führt. Es zeigt sich bald, dass Meister Gamelin recht gut organisiert ist. Er kann uns sagen, was wir unternehmen müssen, um eine Baugenehmigung zu erhalten, und er verspricht, dass er und die Aumühler Handwerker uns helfen werden. Meister Gamelin kennt unser Grundstück und das Waldland zwischen Aumühle und Wohltorf recht gut. Dort stehen sehr viele Bäume, sagt er, auch besonders große Buchen. Es müssen sicher einige Bäume gefällt werden, um Platz für das Haus zu schaffen. Doch auch dazu braucht man eine besondere Genehmigung. Wir könnten das Holz für den Bau verwenden, was besonders günstig wäre, da sonst jetzt kein Holz zu bekommen ist.

Wir beschließen, Meister Gamelin die Gesamtplanung übertragen. Er will das gerne übernehmen, uns helfen und beraten. Aber wenn wir alle auf uns zukommenden Schwierigkeiten in den Griff bekommen und bis zum Winter dieses nun ernsthaft geplante Haus beziehen wollen, muss ich, so bald es möglich ist, mit der Familie zurück nach Hamburg kommen. Kurt ist in seinem Beruf so oft unterwegs. Es werden viele Behördengänge auf uns zukommen, bis wir alle Genehmigungen haben und anfangen können, uns ein neues Zuhause zu bauen.

Sehr spät erreichen wir den Holstenbahnhof, es schneit wieder und ist sehr kalt, die Straßen sind unter dem Schnee gefroren. Als wir nach Hause kommen, empfängt uns ein gemütliches, warmes Zimmer und ein gutes Abendessen, das Trudel für uns vorbereitet hat. Doch dann kommt, kaum eine Stunde später, Alarm. Wir müssen in den Bunker. Es heißt, wahrscheinlich fliegen sie nach Berlin.

Morgen ist mein letzter Tag in Hamburg. Dann muss ich wieder zurück nach Schlesien zu den Kindern. Und, was schwierig werden wird, die Verhandlungen mit Onkel und Tante wegen unserer Rückkehr nach Hamburg aufnehmen. Sicher haben sie Recht, die Lebensumstände sind in dem ruhigen Schlesien sehr viel besser. Aber eine Heimat wird es für uns niemals werden. Das wird immer Hamburg sein, auch wenn es jetzt nur noch ein Trümmerhaufen ist, wie der Onkel zu sagen pflegt.

**10. Februar 1944**

Mein letzter Tag in Hamburg. Noch einmal gehe ich an die Alster, um Abschied zu nehmen. Kurz vor der Abfahrt nach Schlesien will ich zum Rathaus, um zu erfahren, wie streng die Vorschriften für die

Rückkehr denn wirklich sind und ob man nicht eine vorübergehende Aufenthaltsgenehmigung bekommen kann. Doch dazu kommt es nicht mehr.

Der Reesendamm an der Alster ist mit einer dicken Eisschicht überzogen, Warnschilder weisen auf die Glätte hin. An den Bäumen hängen Schilder mit "Achtung" und "Vorsicht". Auch ich versuche, vorsichtig zu sein, aber plötzlich rutsche ich aus, stürze und lande unglücklich auf meinen linken Arm. Es tut sofort schrecklich weh, ich spüre, er ist gebrochen.

Doch schnell kommt Hilfe. Ein junger Mann in Arbeitsdienstuniform, der mit einigen Kameraden Hilfsdienst auf dem Adolf-Hitler-Platz (heute Rathausmarkt) hat, bringt mich in die Halle des Rathauses, wo ein Notdienst eingerichtet ist. Der Arzt, der dort Dienst hat, schient meinen Arm recht notdürftig und fragt mich, ob ich noch hier in Hamburg wohne. Er empfiehlt mir, in ein Krankenhaus außerhalb von Hamburg zum Röntgen zu gehen. In der augenblicklichen, schwierigen Lage müssen wir alle versuchen, den Engpass an Krankenhausplätzen nicht noch zu verschlimmern.

Mein Halstuch wird zur Armschlinge, dann setzt man mich auf einen Stuhl in einer Ecke der Rathaushalle. Hier soll ich warten, bis ich abgeholt werde. Der Arzt hat Kurt in seiner Firma benachrichtigt. Es dauert sehr lange, bis er kommt, aber inzwischen hat er alles für unsere Rückreise geregelt.

Am Abend gegen neun geht ein Nachtzug vom Altonaer Bahnhof nach Breslau. Die Fahrkarten hat er schon. Trudel ist auch benachrichtigt und packt unsere Sachen. Nur nach Haynau hat er nicht telefonieren können, nach den letzten schweren Angriffen scheint es wieder Schwierigkeiten mit dem Telefon zu geben. Als wir die Rathaushalle verlassen wollen, kommt der Arzt und gibt uns eine Überweisung für ein "Krankenhaus eigener Wahl zur weiteren Behandlung" wie draufsteht.

Rückreise vom Bahnhof Altona. Kurt begleitet mich. Auf dem Bahnsteig stehen nur wenige Menschen. Der Zug ist dunkel und ungeheizt.

Der Schaffner prüft die Fahrausweise und meint dann: "Haynau? Ja, ja, in Liegnitz umsteigen, da kommen wir wohl hin. Wann, das weiß ich auch nicht so genau, wegen Alarm und Umwegen und so. Aber nach dem letzten Angriff auf Berlin wird's vielleicht ein paar Tage Ruhe geben und keinen Alarm nicht."

## 11. Februar 1944

Ja, angekommen sind wir schon. Wenn auch erst sehr spät am Vormittag. Unterwegs hat der Zug oft und manchmal sehr lange gehalten. Wir konnten nie vom Zug aus sehen, ob es ein Bahnhof war oder Voralarm. Unentschlossen stehen wir dann in Liegnitz auf dem Bahnsteig. Sollen wir nach Haynau umsteigen oder hier in Liegnitz in ein Krankenhaus gehen?

Ein kommt Soldat auf uns zu und sagt mit einem Blick auf meinen kümmerlich verbundenen Arm: "Der Bus vom Roten Kreuz steht vor der Tür. Der kann sie ins Lazarett bringen, sie brauchen bloß einzusteigen." Ja, da steht der Bus, um ihn herum Menschen, denen man – wie mir – ansieht, dass sie Hilfe brauchen. In der Hauptsache sind es natürlich Soldaten, die richtig ins Lazarett eingewiesen sind und dort auch längere Zeit bleiben sollen. Die Behandlung dauert lange und ist sehr schmerzhaft. Schließlich bekomme ich einen Überweisungsschein für einen Haynauer Arzt.

Nach zwei Stunden bin ich wieder im Warteraum, wo ich Kurt treffe. Er hat mit Haynau und dem Onkel telefoniert, von dem Unfall und der Rückkehr berichtet. "Das wäre nicht nötig gewesen, wenn sie nicht so eigensinnig auf dieser Hamburgreise bestanden hätte", schimpft der Onkel. Nichts weiter dazu.

Am anderen Tag, sehr früh am Morgen, fährt Kurt nach Hamburg zurück. Wieder über Berlin, weil er versuchen will, seine Tanten in Charlottenburg zu sehen. Nun warte ich hier ungeduldig auf eine Nachricht von ihm, damit ich endlich weiß, ob er wieder gut angekommen ist. Im Augenblick gibt es besonders viele Störangriffe, vor allem auf Berlin.

## Haynau, 16. Februar 1944

Nun sitze ich wieder in Haynau in unserem Zimmer am Fenster und schaue auf die Schneeflocken, die draußen am Fenster vorbei wirbeln. Von der Maschinenfabrik Stimmel dringt der Maschinenlärm herüber. Maria hat heute den Kachelofen geheizt und Reni sitzt in der warmen Ofenecke mit ihrem Teddy im Arm. Nina hält sein Mittagsschläfchen.

## 20. Februar 1944

Endlich ein Brief von Kurt. Er ist wieder gut in Hamburg angekommen. Auch die Tanten in Berlin hat er besucht. Sie haben sich sehr über seinen unverhofften Besuch gefreut. Bei dem Angriff auf Berlin, den wir in Hamburg im Bunker miterlebt haben, ist ihr Haus teilweise zerstört worden. Sie können nur das kleine Hinterstübchen und die Küche benutzen. Im Wohnzimmer gibt es ein großes Loch in der Giebelwand und die beiden Vorderzimmer sind auch nur mit Vorsicht zu betreten. Da sie aber das kleine Zimmer heizen können, wollen sie lieber in ihrer Wohnung in der Spandauer Straße bleiben. Das Angebot von Verwandten außerhalb Berlins, zu ihnen zu ziehen, haben sie abgelehnt. "Das haben wir schon einmal versucht", sagte Tante Martha, "aber wir sind hier in unserem kleinen Stübchen glücklicher. Hier können wir tun und lassen, was wir möchten." Wir verstehen das – viele andere Menschen werden diesen Entschluss nicht begreifen können.

## Haynau im März 1944

Mein Arm tut nicht mehr so weh, doch ansonsten geht es uns gar nicht gut. Alles ist dunkel, die Gegenwart und die Zukunft. Man lässt mich deutlich spüren, wie unbeliebt ich mich durch meinen eigenen Willen gemacht habe. Der Onkel übersieht mich einfach und hat verboten, dass mir geholfen wird. Denn ich bin ja selbst schuld an meinen Zustand. Es ist recht gut, dass ich jetzt Martin hier habe. Er hilft nicht nur mir, sondern auch unten im Lager.

Für den Onkel wird der Krieg jetzt wohl auch zur Tatsache. Ernst, der Lehrling, musste am Mittwoch in ein Wehrertüchtigungslager. Lilly, eine Angestellte, gerade 19 Jahre alt, wurde als Nachrichtenhelferin nach Königsberg kommandiert und Vinco, der polnische Lagerarbeiter, kann auch nicht mehr kommen, weil das Polenlager verlegt worden ist. Sicher ist das eine schwierige Situation, wenn so viele Hilfskräfte auf einmal ausfallen, die in dieser Zeit nicht so einfach zu ersetzen sind. Ich muss sehen, dass wir alles vermeiden, was den Haushalt der Tante zusätzlich belastet.

Kurt ist für seine Firma viel unterwegs. Die Lage in Deutschland wird immer schwieriger. Geschäftsabsprachen, wie es sie früher durch Briefwechsel oder Telefon gegeben hat, sind nicht mehr möglich. Daher die vielen Reisen, bei denen die Absprachen sofort getroffen werden können. Kurt hört und sieht unterwegs sehr viel. Er kann die Lage besser einschätzen als andere – auch als der Onkel. Die Nachrichten im Radio sind sehr kurz geworden und sachlich im Ton. Was man nicht hört, denkt man sich. Da wird von großen Luftangriffen auf Kiel und Frankfurt berichtet – doch von unseren Truppenbewe-gungen in Russland hört man nichts mehr. Post kommt kaum noch und wenn, dann kommen drei Briefe eines Absenders auf einmal. Die Warensendungen für das Geschäft des Onkels bleiben ganz aus, es gibt nur noch die örtlichen Zuteilungen.

Inzwischen hat Kurt in Aumühle bei Gamelin angerufen, der leider nur mit schlechten Nachrichten aufwarten kann. Die Holzhausgeschichte ist ins Stocken geraten. Ob es so genannte ‚Finnenhäuser' geben wird, weiß er nicht, und wenn, dann gehen die bestimmt nicht nach Aumühle. Er schlägt uns vor, ein Steinhaus zu bauen. Das soll jetzt unter bestimmten Voraussetzungen möglich sein.

Immer wieder hört man, dass jetzt auch Reservisten des Ersten Weltkriegs gemustert werden. Wenn Kurt trotz seiner bedingten Tauglichkeit auch noch einmal gemustert oder gar eingezogen wird, reißt für uns jede Verbindung nach Hamburg ab. Wir haben keine Zuzugsgenehmigung für Aumühle, nur einen Anspruch auf eine Besuchsgenehmigung für die Eltern oder Großeltern. Und dort dürfen wir auch nur beschränkte Zeit bleiben.

**18. März 1944**

Endlich bekomme ich wieder Post von Kurt. Zwei Briefe. Er hat überlegt, wie es weitergehen kann. Er schreibt:

*Liebe Ilse*

*Der Frühling naht nach hartem kurzem Winter.*
*Die Vöglein zwitschern im Revier.*

*Bald muss es auch bei uns Frühling werden, sobald ihr hier wieder in meiner Nähe seid. Es ist vieles noch zu erledigen, anzuschaffen und heranzuschaffen und aufzubauen. So viel weiß ich aber, dass wir es schaffen werden. Das Sommerhalbjahr ist kurz und bis zum Herbst müssen wir ein warmes und geschütztes Dach über dem Kopf haben. Da können wir nicht früh genug anfangen. ...*

*So wie es bisher gegangen ist, geht es nicht weiter und wenn wir nicht sofort beginnen, haben wir jeglichen Anspruch, vielleicht jegliche Hoffnung, ein eigenes Heim zu erhalten, verloren. Natürlich ist Hamburg immer noch nicht bombenfrei. Das soll uns aber nur anspornen alles daran zu setzen, unser Haus zu bauen. Von Haynau aus kannst Du das nicht. ...*

*Wer bereits hier ist, hat selbstverständlich als erster Anspruch, ein Haus zu erhalten. Wer zuerst kommt, baut zuerst. Im übrigen ist es in Hamburg wieder ganz schön, natürlich nur für diejenigen, die eine Wohnung haben. Und die haben wir in der Glücksburger Straße, wenn es auch nur drei Zimmer (für 6 Personen) sind. Die genügen zunächst mal für uns, wenigstens für ein paar Wochen.*

Und im nächsten Brief steht:

*Wenn man in der augenblicklichen Lage weiterkommen will, muss man etwas riskieren, schlimmer als jetzt kann es uns kaum gehen, da gibt es für uns nur eine Parole und die heißt: "Auf nach Aumühle!"*

*Spätestens am 1. April komme ich nach Haynau und hole Euch nach Hamburg zurück. Da die Eltern vorläufig noch in Wittenburg bleiben, können wir die Wohnung in der Glücksburger Straße benutzen. Hier sind Gott sei Dank noch Betten und alles Notwendige zum Wohnen vorhanden.*

*Wir haben jetzt auch Trudel, die während Deiner Abwesenheit auf die Kinder achten kann. Es wird viel Laufereien und Verhandlungen geben, die wegen des Ausbaus oder Übernahme eines neuen Heimes gemacht werden müssen und für die ich jetzt durch vermehrte Arbeit und die Reisen für die Firma keine Zeit habe.*

*Das Sommerhalbjahr ist kurz und bis zum Winter müssen wir es geschafft haben.*

Nun habe ich der Tante gesagt, dass Kurt uns nach Hamburg in die Wohnung seiner Eltern holen wird, damit ich mich um die Angelegenheit Aumühle kümmern kann. In Haynau werden wir angemeldet bleiben, bis sich alles endgültig entschieden hat, denn wir haben zur Zeit keine Möglichkeit, uns in Hamburg oder Aumühle ohne die Genehmigung der NS-Ortsgruppe anzumelden. Wenn wir uns in Haynau nicht abmelden, ist es auch für die Tante einfacher, so kann bei ihr keine Zwangsbelegung erfolgen.

## Reise von Haynau nach Hamburg am 3. April 1944

Als Kurt am Sonntag Morgen hier ankommt, sind unsere Vorbereitungen schon fast abgeschlossen. Die Tante hat uns ihre kleine Bodenkammer zur Verfügung gestellt, wo wir alles hineintragen, was wir nicht mitnehmen können. Inzwischen hat sich doch einiges an Wäsche und Geschirr angesammelt, das wir auf unsere Bezugsscheine hier einfacher haben anschaffen können. Aber noch haben wir kein Haus, keine Wohnung, nicht einmal einen eigenen Schrank. Später, falls wir es wirklich einmal schaffen sollten, später wird man vielleicht einen Spediteur finden, der uns die Sachen nach Hamburg bringen kann.

Am Montag beginnt dann die Rückreise. Wir werden zum Bahnhof gebracht, doch der Personenzug nach Liegnitz ist noch nicht da. Als er endlich kommt, hat er bereits eine Stunde Verspätung, die Zeit kann er unterwegs nicht aufholen. Als wir endlich in Liegnitz ankommen, steht der Berliner Zug schon auf dem Nachbargleis, zum Umsteigen bleiben knapp fünf Minuten.

Der Zug ist überfüllt. Wir finden kein Abteil für unsere ganze Familie. In verschiedene Waggons müssen wir Kinder und Gepäck schnell hineinwerfen. Gut, dass Martin schon so selbständig ist, dass man ihn mit einigen Gepäckstücken allein in einem Abteil unterbringen kann. Die beiden Kleinen sind bei mir. Der Zug hält auf jeder Station und Kurt nutzt diese Aufenthalte, um Stück für Stück umzuladen, bis schließlich alles in einem Abteil beisammen ist. Sogar Sitzplätze für uns vier haben wir ergattert. Nur unser Martin bleibt verschwunden, den hat Kurt aus den Augen verloren. Erst in Sagan stöbert er ihn mit vieler Mühe wieder auf.

Tatsächlich kommen wir auf dem Schlesischen Bahnhof in Berlin an, wenn auch mit etwa zwei Stunden Verspätung. Wir müssen in die Stadtbahn zum Lehrter Bahnhof umsteigen, wenn wir den Zug nach Hamburg erreichen wollen. Es ist abends noch hell genug, um zu sehen, wie trostlos es in Berlin ist. In Erkner ist fast alles kaputt, in Charlottenburg sind ganze Straßenzüge ausgebrannt, die zerstörten Straßenbahnschienen sind inzwischen notdürftig repariert worden. Wir erreichen gerade noch den Zug, nach Hamburg, acht weitere Stunden Fahrt liegen vor uns. Der Zug ist fast leer, und wir haben ein ganzes Abteil für uns allein. Die Kinder schlafen, jedes in eine Decke gewickelt.

Als wir auf dem Altonaer Bahnhof ankommen, gießt es in Strömen, so dass wir vorerst den Bahnhof nicht verlassen können. Ich muss mit den Kindern und dem Gepäck lange warten, bis Kurt wieder auftaucht. Er fand eine Autotaxe, die eine andere Familie zur Bahn gebacht hat und nun uns in die Glücksburger Straße fährt.

Dort wartet Trudel auf uns. Wie immer ist ein gutes warmes Essen vorbereitet und provisorische Schlafgelegenheiten für die Kinder. Morgen wird man weitersehen. Jedenfalls haben wir unser erstes Ziel erreicht!

Blick vom Balkon der Wohnung Glücksburger Straße 8 wenige Minuten nach einer Entwarnung. Die Menschen gehen mit Sack und Pack und den Kindern an der Hand vom Luftschutzbunker, der rechts hinter dem Trümmerberg lag, zurück nach Hause. An diesem Sommernachmittag ist nichts passiert. Heute ist dieser Platz am Anfang der Glücksburger Straße nicht wiederzuerkennen. Fast alle Häuser in Richtung Charlottenstraße sind noch im Krieg zerbombt oder, wenn sie ausgebrannt waren, kurz nach Kriegsende gesprengt worden.

## April 1944 in Altona

Nun sind wir in Altona in der Glücksburger Straße. Die beiden Kleinen haben sich mit Hilfe von Martin, der ja die Gegend von früheren Besu-chen bei den Großeltern her kennt, eingelebt. Sie wissen wo der Bun-ker ist, nur um die Ecke in der Eimsbüttler Straße, und dass man bei Alarm sofort dorthin gehen muss, hat Martin ihnen auch erklärt.

Da Kurt wieder unterwegs ist, erkundige ich mich, was wir für unser Behelfsheim unternehmen müssen. In Hamburg soll es möglich sein, fertige Behelfsheime, die sogenannten ‚Finnenhäuser' zu bekommen – doch dafür braucht man Bezugsscheine. Dafür ist Hamburg zuständig, nach Überprüfung und Ausstellung einer Bescheinigung über den Totalschaden. Aumühle ist aber immer noch kein Einzugsgebiet für Hamburger. Auch eine vorübergehende Unterbringung ist nicht möglich.

Wir könnten mit unserem Hamburger Bezugsschein zum Ortvorsteher von Wohltorf gehen, der Aumühler Bürgermeister ist zur Wehmacht eingezogen, und dieser müsste das dann nach Ratzeburg weiterleiten. Ich nehme mir im Stillen vor, mit dem genehmigten Antrag selbst nach Ratzeburg zu fahren, um das Ganze zu beschleunigen.

Aber schon nach wenigen Tagen fällt dieser Plan ins Wasser. Der Wohltorfer darf nur Anträge für feste Häuser genehmigen und weitergeben. Wir haben aber nur ein Behelfsheim aus Holz, und das ist noch nicht einmal sicher. Bezugsscheine für Finnenhäuser werden nur an Hamburger Bürger ausgegeben, aber das sind wir, bezugsscheinmäßig gesehen, nicht mehr. So hat uns die Bürokratie erst einmal gestoppt. Was jetzt? Vielleicht können wir in den Ostertagen einen Besuch in Aumühle machen und das mit Gamelin besprechen.

Augenblicklich gibt es Störangriffe auf Hamburg. Sie sind viel schlimmer als Vollalarm, denn an den haben wir uns gewöhnt. Die Störangriffe aber kommen so unvermutet, dass man nicht gleich in den Bunker geht – und auf einmal fallen die Bomben. Auf der anderen Seite der Hochbahn am Eppendorfer Baum ist eine Luftmine heruntergekommen, und die meisten Menschen waren noch nicht im Keller.

Von Werner kam Post, ein Feldpostbrief nach langer Zeit. Er ist mit seiner Einheit im Nordabschnitt geblieben. Im Augenblick sind sie in einer Stadt in Lettland. Ob das wohl Riga ist? Er schreibt nämlich, dass sie abends oft in das Soldatenheim in der Stadt fahren. Neulich war er in der Oper. Es gab "Tosca", was ihm sehr gut gefallen habe. Ich wundere mich, dass man hinter der russischen Front, von der man so schreckliche Dinge hört, noch in die Oper gehen kann! Sonst schreibt er von nichts. Kein Wort davon, ob er schon an der Front war. Er ist doch erst siebzehn.

**8. April 1944**

Jetzt haben wir die Genehmigung des Hamburger Wohnungskommissars zum Aufstellen eines Behelfsheims aus Beton bekommen. Dieses Behelfsheim kann in etwa vier Wochen fertig gestellt werden. Es wird in Wandsbek gegossen und angefertigt. Wie kommt es dann aber nach Aumühle? Das haben wir noch nicht herausbekommen. Dort muss zuerst ein Fundament gebaut werden, dann müssen wir Dachpappe und Glas organisieren. Endgültig ist diese Genehmigung noch nicht, vielmehr eine Ankündigung. Wir müssen vorher eine ganze Reihe von Bedingungen erfüllen wie den Nachweis eines Grundstücks, Genehmigung zur Aufstellung eines Hauses, Verwendung nach Fertigstellung, Finanzierung und vieles andere mehr.

Jetzt gibt es jeden Tag einige Male Alarm, aber es sind wohl nur Täuschungsmanöver. Manchmal schleichen sich auch nachts Flugzeuge ein. Man hört nur das Brummen der Maschinen und wir wissen nicht, ob es vielleicht unsere eigenen Flugzeuge sind, die den Luftraum überwachen.

**14. April 1944**

In der Osterwoche haben wir – trotz des häufigen Alarms – diese Betonhäuser, so weit sie schon in der Umgebung von Hamburg aufgestellt sind, angesehen und Erkundigungen darüber eingezogen.

Jedenfalls sind diese Betonklötze grauenhaft und in Aumühle unvorstellbar. Eins davon wäre auch für unsere Familie zu klein. Wir müssten gleich zwei davon beantragen.

In Hamburg redet man immer noch von den Finnenhäusern. Die größte Schwierigkeit dabei ist die Bewilligung der Holzbezugsscheine. Vielleicht ist es weniger schwer, auf unserem Grundstück in Aumühle die Erlaubnis zum Fällen einiger Bäume zu bekommen. Um dort zu bauen wäre das sowieso erforderlich, dann könnte Meister Gamelin daraus ein Holzhaus für uns bauen.

**17. April 1944**

Wir sind bei Meister Gamelin in Aumühle gewesen, der immer noch bereit ist, uns irgendwie zu helfen. Vor allen Dingen sagt er uns, was wir jetzt unternehmen müssen. Zuerst wieder eine Eingabe an den Ortsvorsteher in Wohltorf, der entscheiden muss, ob er die Angelegenheit an das Bauamt Ratzeburg weitergeben kann. Der Ortsvorsteher fühlt sich überfordert und verweist uns an den Bürgermeister Suhr in Wentorf.

Auch dieser kann uns nichts Genaues sagen. Anträge auf Unterbringung hat er zwar schon bekommen, aber dass in der jetzigen Zeit ein Haus gebaut werden soll, gleich welcher Art, erscheint ihm vollkommen absurd. Aber er ist sehr freundlich und hilfsbereit. Einzelanträge machen besonders viel Arbeit, besser ist Eigeninitiative. Er rät uns, Kontakt mit dem Zimmermeister Gamelin aufzunehmen, fügt allerdings vorsichtig an: "Ich will aber nichts gesagt haben." So ist das also!

**20. April 1944**

Ich bin fast jeden Tag in Sachen Haus unterwegs. Es ist gut, dass ich jetzt in Hamburg bin, um mich darum zu kümmern. Kurt ist von seiner Firma sehr in Anspruch genommen und hat für unsere private Zukunft

Notunterkünfte in Hamburg 1944/45. Acht bis zehn Personen, darunter auch Kinder und alte Leute, lebten hier auf engstem Raum – und mussten jahrelang miteinander auskommen. Für die Wohlstandsbürger von heute gar nicht mehr vorstellbar.

keine Zeit. Eine geregelte Arbeitszeit gibt es nicht mehr, die vielen Alarme und Störflüge machen das unmöglich. Manchmal sitzen wir den halben Tag im Bunker.

Inzwischen habe ich mir angewöhnt, dort meine Schreibarbeiten zu erledigen. Eine Mappe mit den wichtigen Utensilien wie Schreibpapier, Bleistift und Füller, Antragsformulare und Korrespondenz liegt immer neben dem Luftschutzgepäck bereit. Manchmal müssen wir auch nachts für Stunden in den Bunker.

Martin ist sehr krank. Erst haben wir gedacht, es sei eine einfache Magengeschichte, aber es sind die Masern. Nachdem der Arzt ihn untersucht hat, schlägt er vor, ihn wegen seines Untergewichts und des schlechten Allgemeinzustandes in ein Kindererholungsheim im Schwarzwald zu schicken. Dort gibt es keinen Alarm, sondern Ruhe und andere Kinder zum Spielen. Reni soll gleich gemeinsam mit ihm verschickt werden. Für uns wäre es dadurch auch etwas leichter und Trudel könnte schon jetzt ihren Urlaub nehmen. Wenn aus unserem Hausbau etwas werden soll, brauche ich sie im Sommer sehr nötig für die Kinder.

**26. April 1944**

Der Kampf mit der Bürokratie nimmt immer schärfere Formen an, aber aufgeben darf man nicht. Man kann uns doch nicht immer wieder an der Errichtung eines eigenen Heimes hindern! Man müsste doch endlich einmal begreifen, dass wir nicht zerstören, sondern etwas aufbauen wollen!

Nach Mitteilung des Sachbearbeiters macht unser Antrag viel Arbeit. Erschwerend ist die Verwendung unseres eigenen Holzes und die dadurch notwendige Verrechnung des Holzeigenanteils. Außerdem müssen die Bäume noch geschlagen werden. Wie wir erfahren, soll es in der Nähe Hamburgs ein Sägewerk geben, das die Bäume gegen bearbeitetes Holz eintauscht. Aber all dies, so erklärt mir der Beamte, dauert so lange, weil die Verrechnung so problematisch sei ...

Wir wollen trotzdem noch mal unser Glück versuchen. Unser Hauptargument ist inzwischen, dass wir ohnehin auf unserem Grundstück viele Bäume schlagen müssen, damit wir Platz für das Haus bekommen.

**5. Mai 1944**

Kein Haus, kein Behelfsheim. Wir warten immer noch auf die Genehmigung zum Kauf eines Finnenhauses oder für einen festen Bau. Gestern waren wir wieder bei Meister Gamelin in Aumühle, um uns Rat in dieser verfahrenen Angelegenheit zu holen. Unser guter Vadder Gamelin hat sich inzwischen umgehört und herausgefunden, dass es doch möglich sein könnte, ein Steinhaus zu bauen. Dafür brauchen wir keine "Bau-Behelfsgenehmigung" sondern nur "Baukartenberechtigungsscheine" für die Zuteilung von Baumaterial.

Der Nachteil des Massivhauses ist, neben der Kostenfrage, auch die längere Bauzeit. Und die Arbeitskräfte, die es nicht gibt. Herr Gamelin hat einen Schwager, der Maurer ist. Der würde in seiner freien Zeit, abends und am Wochenende, arbeiten. Natürlich müssten wir alle kräftig mithelfen: ausschachten, Sand sieben, Mörtel mischen, Trägerdienste leisten.

**9. Mai 1944**

Verhandlungen mit dem zuständigen Baurat und dem Landrat. Eine Bauzeichnung muss erstellt werden. Wenn wir Vadder Gamelin nicht hätten! Er hat viele gute Vorschläge, auch für den späteren Um- und Ausbau.

Baumeister Timm entwickelt schließlich die günstigste Form und reicht seine Zeichnungen in Ratzeburg ein. Bauen kann er freilich nicht, dafür fehlen die Leute. Also müssen wir sehen, wie wir irgendwie anders weiterkommen.

## Pfingstwoche im Mai 1944

Der Pfingstausflug, eventuell nach Aumühle, wie wir es beschlossen hatten, muss ausfallen. Am sichersten sind wir jetzt in Hamburg in der Nähe des Bunkers, wo schon jeder seinen Stammplatz hat.

Martin und Reni sind in der letzten Woche mit einem Kindertransport nach Falkau gefahren. Die von uns ausgefüllte Postkarte, die wir der Transportleiterin mitgegeben haben, ist zurückgekommen und so wissen wir, dass alle dort gut angekommen sind. Hoffentlich kommt bald einen Brief von Martin und wir erfahren, wie es beiden geht.

## 6. Juni 1944

Fast jede Nacht haben wir Alarm. Es ist jetzt aber einfacher für uns, da wir nur den kleinen Nina in den Bunker schleppen müssen. Auch das Luftschutzgepäck ist weniger. Immerhin müssen wir im Bunker vier Stockwerke hoch, dort hat uns der Luftschutzwart Plätze zugewiesen.

Auch am Tag gibt es wieder häufiger Alarm. Die Kirchenglocken dürfen nicht mehr läuten, damit man den Alarm nicht überhört. Eine besondere Verordnung der Behörde, doch bei der angespannten Lage ist sowieso jeder darauf bedacht, alle Alarmzeichen wahrzunehmen. Außerdem sind die meisten Glocken längst eingeschmolzen. Oder die Kirchtürme sind zu Ruinen geworden. Im Augenblick gibt es für die Hamburger Zusatzmarken wegen der besonderen Verschärfung der Lage. Leider nicht für uns, denn wir beziehen unsere Lebensmittelkarten ja immer noch über Haynau.

Gestern Vormittag hatten wir zwei Mal Alarm. Sollen wir in den Bunker? Ich versuche schnell, Nina anzuziehen. Zwischen dem ersten und zweiten Alarm plötzlich wildes Geschieße. Ein viermotoriger Bomber rauscht schräg über unser Haus hinweg. Ich sehe ihn noch brennend über den Giebel des Hauses gegenüber fliegen, während sein Maschinengewehr immer weiter schießt. Zwei Straßen weiter, hinter dem Park neben der U-Bahnstation Emilienstraße, stürzt er in drei noch heile Häuser, die sofort zu brennen anfangen. Die hohe Stichflamme kann man sogar jenseits der Alster von Kurts Büro aus sehen. Kurz nach der Entwarnung ruft er an und ist erleichtert, dass uns nichts passiert ist. Das Unheil ist noch einmal an uns vorüber gegangen.

**10. Juni 1944**

Die Baukarten für den Kauf von Baumaterial sind angekommen. Wir waren in Aumühle und haben das mit Meister Gamelin besprochen. Nun müssen wir bestimmen, wo das Haus stehen soll, welche Bäume geschlagen werden müssen und dafür dann die Genehmigung beantragen. Mit seinem Schwager Lempfert hat Gamelin auch gesprochen. Der arbeitet zwar bei Baumeister Schmidt, will aber, wenn ich ihm bei seiner Maurerarbeit helfe, gerne bei uns anfangen.

Im Hamburg dürfen wir nicht mehr bleiben. Die Aufenthaltsgenehmigung kann wegen der beiden Kleinkinder nicht erneuert werden. Aumühle will uns auch nicht aufnehmen. Auf meinen Hinweis, dass wir doch Aumühler sind, da wir dort ein Grundstück besitzen, antwortet der Bürgermeister: "Ja schon. Es wird sie auch niemand hindern, auf ihrem Grundstück zu wohnen, wenn das Haus fertig ist. Aber ich sehe nicht, wie sie das schaffen wollen." Ich bin verzweifelt. Niemand will uns haben. Unser Aufnahmeort ist Neustadt in Holstein. Aber wie sollen wir uns von dort aus um den Bau in Aumühle kümmern? In meiner Verzweiflung gehe ich zu Vadder Gamelin, der mich tröstet: "Lass man, min Deern, der Sommer kommt ja nu. Ich stell' euch meine Baubude aufs Grundstück. Da könnt ihr dann bleiben und alle Mann fleißig beim Bauen helfen."

**27. Juni 1944**

Gamelin ruft aus Aumühle an: "Ich bin fertig. Die Baubude steht. Sie ist von der Gemeinde genehmigt worden, weil Sie ein Steinhaus bauen. Sie können kommen!" Es gibt zwar noch kein Wasser, keinen Strom und vor allen Dingen keine Toilette, er will aber noch ein Plumpsklo aufstellen. Ich bin überrascht und froh und erschöpft zugleich. Haben wir es tatsächlich geschafft? Geht es wirklich los?

Schon zwei Tage später ziehen wir um. Das ist ganz einfach und leicht: Wir nehmen unser Luftschutzgepäck, dazu zwei Rucksäcke mit Geschirr und Bettzeug. Ein kompletter Umzug mit der S-Bahn!

## 1. Juli 1944

Es ist soweit! Wir fangen an! Es ist Sonnabend und mittags erscheint Gamelin mit seinem Schwager Lempfert, um die Bäume zu fällen. Kurz danach kommen noch ein paar Handwerker aus dem Dorf, Freunde von Gamelin, um zu helfen: Der Maler Brandt mit seinen Gesellen und Leute vom Klempner Bochmann. Gamelin, der als Zimmermeister die Fußböden, den Dachstuhl und die Treppen bauen wird, hat sich einen genauen Plan für die Sägearbeiten gemacht. So bald die Bäume gefällt sind, nimmt er genaues Maß, damit die Stämme schon für ihre Verwendung zum Hausbau zugeschnitten werden. Sonntag Abend ist alles geschafft, wir können mit dem Ausschachten beginnen.

Vorher aber kommt noch etwas viel Anstrengenderes: die Baumstubben mit dem ganzen Wurzelwerk müssen ausgegraben werden. Das ist sehr schwer für mich und Trudel, denn es regnet tagelang. Die Baustelle ist ein großer Schlammplatz geworden. Gelegentlich kommt jemand aus dem Dorf und hilft uns beiden Frauen. Die vornehmen Aumühler, die nach dem Essen oft einen kleinen Verdauungsspaziergang machen, bleiben kopfschüttelnd stehen und sehen uns zu.

Aber trotz allem geht es uns gut! Die Baubude steht, Wasser holen wir vom Nachbarn, Licht haben wir nicht, nicht mal eine Petroleumlampe, doch ein kleines Öfchen hat Vadder Gamelin uns in die Bude gestellt, damit wir kochen können. Es gibt keinen Alarm, wir können nachts richtig gut durchschlafen und niemand muss mehr in den Bunker laufen. Kurt ist in Hamburg bei seiner Mutter in der Glücksburger Straße geblieben, sein Büro würde er von Aumühle aus niemals erreichen.

Endlich! Es geht los! Ein Familienfoto aus den ersten Bautagen im Juli 1944. Auf den gefällten Bäumen sitzen rechts Trudel und ich in der Mitte mit dem kleinen Nina auf dem Schoß. Dahinter steht Martin, 13 Jahre alt und der einzige Mann im Haus.

Es regnet und regnet Tag und Nacht. Statt Stubben zu buddeln, sitzen wir in unserer Bude. Merkwürdig: keine Küche, kein Bad, eine Bretterbude – aber ein Dienstmädchen für uns. Ein besonderer Trost für mich.

Martin ist wieder zurückgekommen. Auch so merkwürdig, wie alles in dieser Zeit. Niemand hat ihn in Empfang nehmen können. Kurt holt ihn in Hamburg von seinem Kindertransportzug ab. Am Bahnhof Berliner Tor setzt er ihn in den Zug, der nach Aumühle fährt und erklärt ihm den Weg zu seinem zukünftigen Zuhause. Martin findet den Weg und steht plötzlich am Zaun. Wie ich mich freue! Auch wenn das natürlich neue Probleme schafft, denn nun sind wir zu viert in der Bretterbude. Reni ist noch nicht mitgekommen. Sie hat in Falkau Scharlach bekommen und liegt dort im Krankenhaus. Danach wird sie sich wohl noch einige Zeit im Kinderheim erholen. Der Bürgermeister hat uns zwei Luftschutzbetten zur Verfügung gestellt, jetzt will er versuchen, eine Unterkunft für die Kinder zu finden.

**10. Juli 1944**

Wie geht's weiter? Es gibt auf unserem Grundstück zwar die Bude von Vadder Gamelin, wo wir Schutz vor dem augenblicklichen Dauerregen haben, aber noch immer keinen Gasanschluss, kein Licht und leider eben außer Regen kein Wasser. Der Klempner will uns gerne Wasser auf das Grundstück legen, so bald wir die Rohre besorgt haben. Er selbst hat keine mehr, aber er nennt uns jemanden in Bergedorf, wo wir sie eventuell bekommen könnten. Allerdings nicht für Geld, mit Geld kriegt man gar nichts mehr. Doch für ein schönes neues Badelaken zusätzlich lässt sich dann etwas machen, wenn wir die Rohre selbst abholen.

Martin hat eine gute Idee: wir bauen aus Steinen eine Feuerstelle. Äste von den Bäumen liegen ja genug herum und in einem großen Topf können wir jetzt für uns alle Suppe kochen. Eine Petroleumlampe haben wir auch, doch kein Petroleum. Wo kann es das noch geben? Aber es ist ja Sommer und lange hell.

Hier bin ich beim Sand sieben und Mörtel mischen für das Fundament des Kellers. Für die alteingesessenen Aumühler Villenbesitzer ein unerhörter Anblick. Aber als wenige Monate später die Flüchtlinge aus Schlesien, Ostpreußen und Pommern das Leben in dem kleinen Ort prägten, mussten sich schließlich alle den neuen Verhältnissen anpassen.

Von Werner kam gute Nachricht. Er ist von der Front in Russland nach Dänemark verlegt worden, auf einen Lehrgang, wie er schreibt. An Urlaub ist für ihn jedoch nicht zu denken, obwohl es von uns nach Apenrade, wo er stationiert ist, kaum 200 Kilometer weit ist.

Reni kann wegen unserer besonderen Verhältnisse bis zum 5. August im Schwarzwald bleiben. Sie wird dann mit einem anderen kleinen Mädchen und seiner Mutter nach Hamburg kommen, wo wir sie nach telefonischer Absprache abholen können. Bis dahin haben wir vielleicht auch eine Unterkunft oder wenigstens eine Schlafstelle für die Kinder.

**17. Juli 1944**

Wir haben eine Unterkunft für Trudel und die Kinder gefunden. Bei Lehrer Struck in der Börnsener Straße gibt es ein kleines Zimmer, wo Trudel am Abend mit den beiden Kleinen hingehen kann. Dort schlafen sie und kommen zum Frühstück wieder.

Oft spielt auch Lehrer Struck recht liebevoll mit unserem Nina, der inzwischen schon drei Jahre alt geworden ist, oder er holt ihn zum Spazieren gehen ab. Auch mir tut das recht gut, denn es ist die erste menschliche Anerkennung meiner Familie hier oben in Aumühle. Hilfe und Anteilnahme, wie wir sie unten im Dorf finden, ist hier oben im Villenviertel nicht selbstverständlich.

**20. Juli 1944**

Das Haus muss durch Überstunden errichtet werden. Nur Sonnabend und Sonntag hat Lempfert für uns Zeit. Das Ausschachten des Kellers müssen wir selbst erledigen, bevor er beginnen kann. Wir werden riskieren, das Haus halb zu unterkellern, obwohl uns nur eine Kühlgrube unter der Küche erlaubt ist. Wegen Materialersparnis, wie es heißt.

Kurt hat sich 14 Tage Urlaub genommen und nun werden die Baumstubben gerodet und der Keller ausgeschachtet. Martin, für den es im Augenblick keine Schule gibt, hilft uns fleißig dabei.

**22. Juli 1944**

Heute scheint ein besonderer Tag zu sein. Es ist Sonnabend und alle sind erschienen: der Holzfäller, der Maurer und Vadder Gamelin, der uns einen neuen Helfer mitgebracht hat. Er heißt Fischer und wohnt unten an der Bille, wo er sich selbst ein kleines Haus hingestellt hat, das er für seine Familie erweitern will.

Er gibt uns einen interessanten Hinweis: unten am Mühlenteich, in einem Nebengebäude des Hotels Fischerhaus, ist ein Gefangenenlager für Russen eingerichtet. Dort kann man Gefangene für Hilfsarbeiten ausleihen, gegen Zahlung einer Mark pro Tag und Russe. Fischer schmunzelt und sagt: "Es sind nette Leute und sie kommen gern. Natürlich erwarten sie, dass man ihnen zu essen gibt und etwas zu rauchen."

Von Sonnabend Mittag bis Sonntag wird mit Hochdruck gearbeitet, so lange es hell ist. Zum Glück haben wir lange Sommerabende. Eine Kommission ist hier gewesen, die bestimmt hat, welche Bäume wir schlagen dürfen. Die alten Buchen müssen selbstverständlich bleiben. Zwei der mittelgroßen Buchen dürfen geschlagen werden, weil das Holz zum Bau des Hauses benötigt wird. Wir müssen uns aber verpflichten, wenn das Haus einmal steht, wieder neue Bäume als Ersatz anzupflanzen.

Es trifft sich gut, dass das Sägewerk in Friedrichsruh in der Nähe ist, wo unsere Bäume zu Balken und Brettern verarbeitet werden können. Der Leiter des Sägewerks, Herr Henke, hat sogar mit Kurt vereinbart, uns gegen ein bestimmtes Mietgeld das Holzgasauto für den Transport der Baumstämme und Bretter zur Verfügung zu stellen. Das ist uns eine große Hilfe, sonst wüssten wir wirklich nicht, wie wir das ganze Baumaterial hierher bekommen sollten.

Dieses Holzgasauto ist ein merkwürdiges Gefährt. Zwischen Fahrerhaus und Ladefläche ist ein riesiger Ofen angebaut. Jeden Morgen muss der Fahrer eine Stunde früher aufstehen und in seinem Auto Feuer machen, was bei Nässe nicht einfach ist. Geheizt wird es mit sehr kleinen Buchenholzstücken, jedes nicht größer als ein halbes Brikett. Das Ganze funktioniert wie ein Kohlenmeiler: die Holzstückchen schwelen vor sich hin und sondern dabei ein Gas ab, das über ein Röhrensystem zum Motor geführt wird und ihn antreibt wie sonst Benzin. Das System ist offensichtlich sehr brauchbar und zuverlässig. In der Wochenschau sehen wir diese Holzgasautos sogar in Russland Nachschub transportieren.

Als erstes werden wir die Baumstämme nach Friedrichsruh bringen. Wenn sie als Bretter und Balken zurückkommen, müssen wir damit zunächst einen zweiten Schuppen bauen, um Kalk und Zement trocken lagern zu können. Man könnte in dem Schuppen auch für Martin einen Schlafplatz einrichten.

**23. Juli 1944**

Die uns zustehenden 3000 Steine sind geliefert worden. Meister Gamelin meint, damit kommen wir wohl aus dem Keller heraus. Aber wie geht es dann weiter?

**15. August 1944**

Ein Brief von der Tante aus Haynau hat uns über die Glücksburger Straße erreicht. In diesem Brief ist nichts mehr übrig von der Zuversicht, es sei in Schlesien besser als in Hamburg. Auch dort werden die Zeiten ernster und sorgenreicher. Es gibt keine Schule mehr, die Ferien sind einfach verlängert worden. Bruno, Tante Metas sechzehnjähriger Sohn, ist mit seiner Klasse als Luftwaffenhelfer eingezogen worden. Der Hauptgrund und zu schreiben ist aber, dass ihre im Augenblick nicht bewohnten Räume von der NSV, der Nationalsozialistischen

Der Holzgas-Lastwagen der Bismarckschen Forstverwaltung, den wir uns für die vielen Transporte beim Sägewerk Friedrichsruh oft ausgeliehen haben. An der Tür steht der durch nichts aus der Ruhe zu bringende Fahrer Kaczmarek aus Polen, ich sitze im Fahrerhaus und auf der Ladefäche stehen Trudel und Martin.

Volkswohlfahrt, beschlagnahmt worden sind. Letzte Woche haben sie eine Mutter mit drei Kindern aufnehmen müssen, das kleinste erst vier Wochen alt. Es sind Berliner, die auch ausgebombt worden sind. Man hat sie von Berlin nach Schreiberhau evakuiert und nun nach Haynau verlegt. Die Tante schreibt auch:

*Hier wimmelt es jetzt von Fremden. Evakuierte aus Westpreußen und Kolonnen von Berlinern sind seit der letzten Woche in Haynau und der näheren Umgebung untergebracht.*

All unsere Sachen, auch die Kleider aus den Schränken, hat sie in Kartons verpackt und in die Kammer gestellt. Wir sollen so bald wie möglich die Sachen nach Aumühle nehmen oder sie wenigstens nach Wittenburg bringen. So sind wir für ein paar Tage nach Haynau gefahren, um die Sachen einigermaßen gut zu verpacken und als Eilgut nach Wittenburg an Pastor Graf aufzugeben. Ihn haben wir mit einem Brief benachrichtigt und hoffen, dass die Sendung dort gut ankommt.

Die Hinreise ist einigermaßen ruhig verlaufen und ohne besonders viele Verspätungen. Aber die Rückreise ist wieder äußerst schwierig, da aus Schlesien viele evakuierte Rheinländer zurückkehren. Die Kölner sagen, dass sie lieber zuhause die Bombennächte überstehen, als im gefährdeten Schlesien zu bleiben. Sie haben Angst vor den Russen. Die Züge aus Kattowitz und Krakau haben viele Stunden Verspätung. Als sie endlich da sind, bekommen wir gerade noch einen Stehplatz. Jetzt heißt es, der Russe sei auf dem Vormarsch aufgehalten worden. Vielleicht wird es doch nicht so schlimm, wie es zunächst ausgesehen hat.

**22. August 1944**

Der Keller ist fast fertig. Auch am Sonntag wird gearbeitet, von morgens früh um sieben, bis es anfängt dunkel zu werden. Neues Baumaterial muss beschafft werden, nicht nur Steine, auch Zement und Kalk gehen zur Neige. Spaziergänger kommen vorbei, bleiben auf der anderen Straßenseite stehen und staunen.

Der Keller ist fast fertig. Im Hintergrund die Baubude von Vadder Gamelin, unser neues Zuhause. Die Bude war 3 mal 4 Meter groß, hatte ein Fenster, eine Tür und ein Loch in der Wand für das Ofenrohr. Sie ist Wohn- und Schlafzimmer der Familie. Vor der Tür sind Küche und Esszimmer mit einem Tisch, drei verschiedenen Stühlen aus dem Möbellager für Bombengeschädigte und einem Hocker. Auf dem Tisch die Emailschüssel für alle Gelegenheiten. Zunächst wohnten wir hier zu fünft, später schliefen die Kleinen bei Lehrer Struck. Rechts hinten erkennt man einen Bretterverschlag, es ist unsere Toilette: ein Plumpsklo.

**26. August 1944**

Wieder fallen Bomben auf Hamburg, diesmal auch bei Kurt in Altona. Er schreibt:

*Die Wohnung in der Glücksburger Straße sieht jetzt genauso schlimm aus wie im Juli 43. Diesmal sind auch die Scheiben im hinteren Zimmer raus. Und in dem kalten düsteren Schlafzimmer, wo ich den Winter zugebracht habe, ist sogar das obere Querfenster herausgefallen, als meine Mutter den Mechanismus zum Schließen ausprobieren wollte. Das Fenster fiel ihr glücklicherweise nicht auf den Kopf, sondern nur auf die Hand. Sie hatte solche Schmerzen, dass sie sich in Wittenburg ins Bett legen musste. Hier in der Glücksburger Straße wollte sie wegen der Bomben nicht mehr bleiben.*

*Alle Türen schließen nicht mehr, aber die wenigen Möbel, die noch da sind, sind alle heil. Ich habe jetzt nur noch ein Bett, einen Schreibtisch und einen Esstisch, die ich unbedingt zum Leben brauche. Auch eine Schreibmaschine zum Arbeiten habe ich mir aufgestellt. ...*

**11. September 1944**

Wir brauchen dringend etwa 10 000 Kalksteine. Durch Zufall haben wir jemanden gefunden, der helfen kann, weil er den Leiter der Kalksandsteinfabrik kennt. Hoffentlich klappt das auch, denn noch wissen wir nicht, was wir dafür anbieten müssen.

Die Wasserrohre sind inzwischen angekommen. Klempner Bochmann hat uns die Wasserleitung draußen in die Nähe des entstehenden Hauses gelegt. Wir haben jetzt auch die Genehmigung für das Verlegen der Gasleitung. Bochmann will das Verlegen zwar übernehmen, aber die Rohre müssen wir wieder selbst besorgen. Diesmal kostet es zusätzlich einen Ring mit Stein und ein goldenes Uhrarmband. Privater Verkauf durch Vermittlung.

## 5. Oktober 1944

Nach einem weiteren schweren Bombenangriff muss auch Kurt aufgeben. Er kann nicht mehr in der Glücksburger Straße bleiben, die Wohnung ist vorläufig nicht mehr zu gebrauchen. Ein Teil des Daches ist herabgerissen, Türen und Fenster sind herausgedrückt, alles in der Wohnung ist durcheinander geworfen.

Aber die Partei bezeichnet das als kleineren Bombenschaden, weil das Haus noch steht und die Wohnung noch eine Decke hat. Kurt benachrichtigt Mutter und Schwester in Wittenburg. Sie müssen die Anträge für Bezugsscheine anfordern und die Meldung über den Bombenschaden machen, da Kurt ist ja nicht der Mieter, sondern nur als Gast bei seiner Mutter in Hamburg gemeldet ist. Nun muss auch er bei uns in der Bude wohnen. Für Martin gibt es zum Glück ein Bett im Zementschuppen. Der Bürgermeister hat uns noch ein Luftschutzbett geliehen.

Die Steine sind mit der Bahn angekommen und müssen im Güterbahnhof Friedrichsruh abgeladen werden. Arbeitskräfte können wir nicht bekommen, also müssen wir das Entladen der Waggons und den Transport zur Baustelle aus eigener Kraft schaffen. Wir bekommen recht schnell das Holzgasauto. Kaczmarek, der Pole, der das Auto fährt und schon so manchen Transport für uns ausgeführt hat, hilft uns auch diesmal. Sehr früh am Morgen geht Kurt mit Martin durch den Wald nach Friedrichsruh und Martin hilft fleißig beim Ausladen der für uns so wichtigen Steine. Den ganzen Tag sind wir mit diesen Steinen beschäftigt. Sie müssen ja auch hier wieder abgeladen und aufgeschichtet werden.

Es wird schon sehr früh dunkel, und es gibt immer neue Schwierigkeiten. Ich fürchte, dass das Haus zum Winter nicht fertig wird. Wir versuchen jetzt, auch im Dunkeln noch weiter zu arbeiten. Wo sollen wir mit den Kindern im Winter bleiben, wenn wir nicht fertig werden?

Nach vielen Bemühungen und energischer Mithilfe des Bürgermeisters in Wohltorf hat sich der Maurermeister Timm, der damals den Bauplan für das Haus gemacht hat, bereit erklärt, das Haus fertig zu bauen. Die Arbeitskräfte will er stellen, aber das Baumaterial müssen wir selbst über Hamburg und unsere Bezugsscheine für Ausgebombte besorgen.

Die Material-Zuweisungsstelle für Ausgebombte am Gänsemarkt in Hamburg ist für mich bei den schwierigen Verhältnissen und dem häufigen Alarm immer eine Tagesreise. Obwohl es zuerst fast unmöglich erschien, diese Zuweisungsscheine für Baumaterial für Ausgebombte zu bekommen, weil der Hausbau ja in Schleswig-Holstein erfolgt, hat man dort schließlich ein Einsehen gehabt und arbeitet nun unbürokratischer. Jeder weiß doch inzwischen, dass man nur noch auf Tauschwegen an dieses Material herankommt.

**15. Oktober 1944**

Ab morgen wird auch tagsüber offiziell gearbeitet, so dass wir vielleicht noch vor Beginn des Winters fertig werden. Aber was fehlt uns noch alles! Zuerst brauchen wir 30 Sack Zement. Gestern habe ich mir drei Sack besorgt. Zwar habe ich einen Schein für fünfzehn Sack Zement, aber vorläufig gibt es offiziell überhaupt nichts. Dann fehlen noch Gips, Kalk, rote Steine für die Schornsteine, Fußböden, Türen und Glas natürlich für die Fensterscheiben. Und die weißen Steine werden auch nicht für das ganze Haus reichen.

Der Lagerleiter der Russen hat sich wieder gemeldet. Ob wir nicht gegen etwas zu essen und zu rauchen Arbeit für seine Gefangenen hätten. Es geht ihnen sehr schlecht. Die Rationen sind fürchterlich klein.

Die Verständigung mit den Russen ist schwierig. Wir sprechen kein Russisch und sie kein Deutsch. Unter ihnen ist ein Doktor, ich glaube aber nicht, dass er Mediziner ist. Er spricht wenigstens ein paar Brocken Französisch. Sie sind geschickte Handwerker und im Feuer machen und Suppe kochen unübertroffen. Es entwickelt sich eine Art Freundschaft zwischen ihnen, den Handwerkern und uns. Als ich wieder einmal ein paar Fotos von den Bauarbeiten mache, bittet mich Igor, ein Foto von ihm zu machen, als Souvenir für seine Babuschka.

Ich muss an Werner denken. Er ist ungefähr genauso alt wie Igor. Wie würde es ihm gehen, wenn er in russische Gefangenschaft käme?

Igor aus Kiew in der Ukraine, 18 Jahre alt. Ein freundlicher Junge, über dessen Schicksal wir leider nichts erfahren haben. Wir konnten uns nur durch Handzeichen verständigen. Dieses Bild ließ er für seine Babuschka machen, um es als Souvenir mitzubringen. Von all diesen Fotos bekamen die Russen im Mai 45 einen Abzug, sozusagen als Abschiedsgeschenk.

Unsere russischen Helfer aus dem Aumühler Gefangenenlager beim Mittagessen im Herbst 1944. Sie kochten immer selbst in einem unserer großen Töpfe. Von links nach rechts: Kolja (mit dem Rücken zur Kamera), Stani, Igor (im Vordergrund) und Mascha.

Aber Werner geht es offenbar ganz gut. Sie müssen in Dänemark während ihrer Ausbildungszeit die Eisenbahnlinie nach Deutschland überwachen. Er hat uns schon zwei Päckchen mit Butter und Speck geschickt, dazu einen Dosenöffner. Man kann sich gar nicht vorstellen, wie wichtig dieses kleine Küchengerät für uns ist. In seinem letzten Brief schreibt er von einem Attentat dänischer Saboteure. Sie haben ein Haus in seinem Kasernenkomplex in die Luft gesprengt. Neun seiner Kameraden sind tot, viele sind verletzt. Ihm ist aber nichts passiert.

Jetzt wird fleißig gemauert. Die 20 000 Steine sind fast verbraucht. Der eine Giebel ist fertig und der Schornstein halb. Es fehlen noch der zweite Giebel und die Zwischenwände. Gips gibt es nicht mehr. Zement sollen wir auf unseren Schein in Hamburg bekommen, wann ist ungewiss. Weiterbauen können wir nur noch mit privat besorgtem Material, das wir tauschen müssen. Nun haben wir Maurer, aber bald keine Steine mehr. Wenn wir nicht schleunigst neue Steine bekommen, müssen die Maurer feiern oder werden auf einer anderen Baustelle eingesetzt.

Das so mühsam organisierte Auto kommt aus Hamburg zurück: Es gibt keinen Zement mehr. Da wir aber schon das Auto haben und es auch bezahlen müssen, fährt Kurt mit Kaczmarek zurück nach Bergedorf um zu versuchen, ob er nicht auf den Schein, der eigentlich für eine Hamburger Firma ausgestellt ist, doch Zement bekommt. Er hat Glück. Der Lagerverwalter, dessen Eltern auch in Hamburg ausgebombt sind, gibt uns nicht nur den Zement, sondern auch Gips und Kalk, auf einen weiteren Bezugsschein. Und er gibt uns den Tipp für einen Holzbaubetrieb in Bergedorf, wo wir eventuell auf unsere Holzbezugsscheine Türen bekommen.

**25. Oktober 1944**

Für Kurts Firma wird es immer schwieriger. Die Wehrmacht hat einige Angestellte zu den Reservisten eingezogen, Kurt arbeitet nur noch einige Stunden in der Woche, es ist vorauszusehen, dass der Betrieb in absehbarer Zeit eingestellt wird.

Anfang Oktober 1944. Die Wände des Hauses stehen, Maurer Lempfert beginnt, den Westgiebel hochzuziehen. Es geht zügig voran, denn die beiden Russen Igor und Stanislaus helfen tatkräftig und bringen die Mauersteine nach oben. Eine große Erleichterung für Martin und mich. Tagelang haben wir nichts als Steine geschleppt. Abends konnte ich vor Rückenschmerzen kaum einschlafen.

Am letzten Sonntag waren wir wieder einmal in der Glücksburger Straße, um einige Sachen nach Aumühle zu holen. In der Nacht zuvor sind Luftminen in der Nähe heruntergekommen. Das Haus steht zwar immer noch, ist aber nun wirklich vollkommen unbewohnbar. Wir haben dem Hausmeister geholfen, die Fensterrahmen wieder hineinzudrücken und die Fenster mit Pappe vernagelt. Statt der Bomben fallen mehr und mehr Luftminen, die viel größeren Schaden anrichten. Es hat wenig Sinn, die Fenster zu verglasen, ganz abgesehen davon, dass es in ganz Hamburg kaum noch Glas gibt.

Für die Eltern haben wir auch ein paar Dinge verpackt. Irgend jemand wird sie abholen und nach Wittenburg bringen. An eine Rückkehr der Eltern ist nicht mehr zu denken. Als wir mit dem Einpacken fast fertig sind, heulen wieder die Sirenen. Wir müssen in den Bunker. Es ist einer der schwersten Angriffe auf Uhlenhorst und Winterhude sowie auf Harburg und Wilhelmsburg. Die Hamburger Gaswerke brennen und auch auf die Industriewerke im Hafen fallen Bomben. Über zwei Stunden müssen wir im Bunker bleiben, ehe wir wieder nach Aumühle im ruhigen Sachsenwald fahren können.

Dies war nun der endgültige Abschied von Hamburg. Die Wohnung der Eltern wird ein guter Bekannter von ihnen übernehmen. Er ist auch seit den Juli-Angriffen 1943 ausgebombt und will die Wohnung für sich und seine Mutter wieder in Ordnung bringen.

Gestern haben wir den Bezugsschein für einen Kohlenherd bekommen. Abholen müssen wir den Herd gegen Vorlage der Bezugsscheine bei der Firma Niemann in Reinbeck. Am nächsten Tag nach dem Mittagessen startet die große Abholaktion.

Martin marschiert mit Trudel, den kleinen Bollerwagen mit Holzrädern hinter sich her ziehend, nach Reinbeck. Dort kommen sie noch guter Dinge an, aber als der schwere Ofen schließlich auf dem Wagen liegt und nach Hause gezogen werden soll, geht den beiden doch die Puste aus. Das schwerste Stück ist der Weg an der Bille entlang, hinauf zum Tonteich. Am Abend, als es schon längst dunkel ist, kommen die beiden erschöpft hier an. Maurer Lempfert, der noch im Dämmern am Haus gearbeitet hat, staunt nicht schlecht, wie die beiden Halbwüchsi-

Vor dem Pressehaus am Speersort schaffen russische Kriegsgefangene nach einem Bombenangriff die Trümmer beiseite. Seit Mitte 1944 sah man immer mehr russische und französische Kriegsgefangene in der Stadt. Deutsche Soldaten, die noch 1943 die Trümmer wegräumten, waren inzwischen an der Front. Die Verluste in Russland und auch in der Normandie mussten furchtbar sein. Erstaunt hat mich die Standfestigkeit der großen Kontorhäuser in der Innenstadt. Sprinkenhof, Chilehaus, Barkhof hielten selbst Bombenvolltreffer aus, nur einzelne Gebäudeteile brannten aus. Andere Gebäude, wie z. B. das alte Johanneum, stürzten dagegen bei einem einzigen Treffer in sich zusammen oder waren so schwer beschädigt, dass sie später gesprengt werden mussten.

gen den schweren Ofen die ganze Strecke von Reinbeck – immerhin acht Kilometer – hierher gezogen haben. Von ihrem Eifer beeindruckt, verspricht er, den Ofen sofort am nächsten Tag anzuschließen.

Man hat vorher keine Ahnung, was alles zu einem Haus gehört, ehe man einziehen kann! Was noch fehlt sind 3000 Steine, die in Geesthacht liegen. Und die Dachbalken, die aus unseren Bäumen gesägt wurden. Herr Schulz, eigentlich Landhändler, der hauptsächlich die Bauern mit Futter versorgt, erklärt sich bereit, einige Fuhren zu machen. Das wichtigste an seinem Geschäft ist nämlich inzwischen nicht mehr der Handel, sondern sein Wagen mit zwei Pferden davor. Herr Schulz zuckelt also nach Geesthacht und holt die Steine.

Der Rohbau ist in absehbarer Zeit fertig und wir können den Dachstuhl richten. Die nächste Schwierigkeit ist das Besorgen der Dachziegel. Wobei der Transport schwieriger ist als das Auftreiben der Ziegel. Die liegen nämlich, etwa 1200 Stück, in Neu-Wulmstorf in der Fischbeker Heide, von Aumühle immerhin fast 40 Kilometer entfernt.

Wir haben jetzt mehr Handwerker, die auch in ihrer Freizeit für uns arbeiten, aber wieder ein neues Problem. Die Handwerker rauchen alle gern, und bei den jetzt knappen Zuteilungen legen sie Wert darauf, mit Tabak versorgt zu werden. Wie Lempfert ganz richtig sagte: "Was nützt uns das Geld, wenn wir nicht das dafür bekommen, was wir gerne haben möchten." Es sollen jetzt wieder neue Raucherkarten ausgegeben werden, doch auch darauf sind die Zuteilungen kleiner geworden. Rauchwaren sind praktisch nur auf Tauschwegen zu bekommen.

Richtfest: Ich habe einen Richtkranz aus Tannenzweigen gebunden, Vadder Gamelin hält eine schöne und für unsere Zukunft trostvolle Rede. Kurt hat irgendwoher eine Flasche Cognac besorgt. Alle Handwerker sind gekommen und versprechen uns zu helfen, bis wir wieder ein Zuhause haben. Es wird Abend und Trudel ist unterwegs mit den Kindern zu ihren Schlafplätzen als es Alarm gibt: Angriff auf Hamburg. Dicht über unseren Köpfen das Brummen der Motoren. Die Flak schießt, es ist ein Höllenlärm. Doch hier in Aumühle fühlen wir uns vor den Bomben ziemlich sicher. Nur Kurt geht es nicht gut, der Tag ist zuviel für sein Herz gewesen. Wegen der Flieger kann ich kein Licht in unserer Holzbude machen. Die Bude ist nicht dicht und das Licht könnte durch die Ritzen leuchten. Ich finde kein Wasser und keine Tabletten im Dunkeln. Es ist schlimm, wenn man nicht helfen kann.

Wenigstens ziehen die Flieger dann bald wieder ab. Leider nicht die Schmerzen. Kurt quält sich bis zum Morgen, erst dann wird es endlich besser.

**2. November 1944**

Es ist Herbst geworden. Alle sind froh, dass es nicht so grau und trübe ist wie normalerweise Anfang November. Es ist zwar kalt, aber häufig scheint die Sonne. Zu meiner Überraschung bringt eines Morgens die Briefträgerin einen Brief vom Wirtschaftsamt, in dem ich den Bezugsschein für einen Gasherd finde. Wir sollen ihn bei der Firma Rohde & Zerath in der Ferdinandstraße in Hamburg abholen. So groß die Freude darüber ist, zeigt sich aber ein neues Problem: Sollen wir den großen schweren Gasherd etwa mit der S-Bahn transportieren?

Doch inzwischen sind wir Kleintransportspezialisten, wir werden den Herd mit unserem kleinen hölzernen Bollerwagen abholen. Es wird ein Gemischttransport: zuerst laufen wir mit dem Bollerwagen zum Bahnhof, von dort geht's mit den Dampfzug zum Berliner Tor. Hier scheitern wir beinahe, weil wir mit dem Bollerwagen erst eine Treppe runter müssen, dann durch eine Vorhalle, die Treppe wieder rauf, über eine Brücke, die die S-Bahn-Gleise überquert, und schließlich die Treppe wieder runter zum Bahnsteig. Wenn wir das auf dem Hinweg schon nur mit Schwierigkeiten schaffen, so graust es uns davor, mit dem Gasherd diese vielen Treppen bewältigen zu müssen.

Das Abholen in der Ferdinandstraße ist überraschend problemlos. Man braucht nicht zu warten, wir werden sofort bedient, man braucht nicht auszusuchen, es gibt nur ein Modell. Und schon nach kurzer Zeit stehen wir wieder an den S-Bahn-Treppen.

Aber dieses Problem löst sich erstaunlich leicht. Fast jeder, der vorbeikommt, packt mit an. In kürzester Zeit sitzen wir dank der vielen hilfsbereiten Hamburger im Zug nach Aumühle. Auch dort gibt es genügend freundliche Helfer, die Bollerwagen und Gasherd die Treppen hoch schleppen und beim Schieben des schweren Wagens nach oben in die Alte Hege helfen. Kaum acht Stunden – und die Aktion ist erfolgreich abgeschlossen.

Abends ist es jetzt sehr ungemütlich. Wir sind froh, dass wir in der kleinen Baubude sicher vor der Nässe und der Kälte sind.

**4. November 1944**

Nun fehlen noch die Türen. In der Nähe des Bergedorfer Bahnhofs gibt es eine Holzhandlung, dort wollen wir versuchen, Türen zu bestellen. Wir müssen in diesem Monat das Haus so weit fertig bekommen, dass wir einziehen können. Sonst macht uns der Frost alles wieder kaputt.

**8. November 1944**

Gestern sind wir in Bergedorf gewesen, um die Türen zu besorgen. Auf dem Bergedorfer Bahnhof empfängt uns Alarm. Da die Holzhandlung in der Nähe des Bahnhofs liegt, erreichen wir sie in letzter Minute. Der Inhaber will uns abweisen, nimmt uns dann aber wegen des Alarms in seinem Keller auf. Drei Stunden sitzen wir zusammen. Er erzählt uns von seinem gefallenen Sohn, wir sprechen über Stalin und den Krieg, während über uns die Bomber kreisen. Beim Abschied verspricht er, die Türen bei seinem Tischler anfertigen und sie nach Aumühle bringen zu lassen, wenn wir ihm die Maße der Türen, die Holzbezugsscheine und die versprochenen Zigarren bringen würden.

Auf dem Weg zum Bahnhof – wir sind nicht weit gekommen – gibt es erneut Alarm. Während wir laufen, um Schutz zu finden, sehen wir über uns die Bomber kreisen, kurz darauf beginnen die Detonationen.

Ein S-Bahn-Zug zwischen Sternschanze und Dammtor 1944. Während des ganzen Krieges war die S-Bahn eines der wichtigsten Verkehrsmittel der Hamburger. Selbst im Juli 1943 blieb sie trotz der schweren Bombenangriffe im wesentlichen intakt. In die Außenbezirke nach Bergedorf und Aumühle, nach Rahlstedt und Wedel fuhr die S-Bahn noch mit Dampflokomotiven.

Als wir nach der Entwarnung auf den Bergedorfer Bahnhof kommen, erzählen die Leute schon, was passiert ist. Nicht nur in Glinde und Umgebung sind Bomben runtergekommen. Auch bei Tiefstack ist die Eisenbahnbrücke getroffen. Damit sind die östlichen Vororte von Hamburg abgeschnitten, hoffentlich nur für ein paar Tage.

**11. November 1944**

Unsere Handwerker sind überraschend zum Schippen am Nordwall abkommandiert worden. Der Nordwall soll uns vor einer Landung der Engländer schützen. Hier glaubt kaum einer, dass dieser Nordwall noch einen Sinn haben wird. Besonders die Handwerker finden das "idiotisch" und schimpfen laut über die "Bonzen". Mir ist nicht ganz wohl bei diesem Geschimpfe. Man weiß ja nie, ob jemand zuhört und meldet, was gesagt worden ist. In den Zeitungen steht, dass alle sogenannten Defätisten erschossen werden. Damit sind all die Leute gemeint, die nicht nur nicht mehr an den Sieg glauben, sondern es auch laut sagen. Zum Glück ist Vadder Gamelin schon zu alt zum Schützengraben schaufeln und bleibt uns erhalten.

**16. November 1944**

Es ist ziemlich kalt geworden, es gibt Schneeregen und Schneematsch. Heute kann draußen nicht gearbeitet werden. Die Türen sind angekommen, worüber wir sehr glücklich sind. So schnell haben wir nicht damit gerechnet. Die Wasserleitung ist auch schon bis an den Keller gelegt worden. Leider aber noch nicht so weit, dass wir sie benutzen könnten.

**22. November 1944**

Gestern ist endlich vom Landratsamt die Wohnsiedlungsbeschenigung gekommen. Somit sind wir offiziell Grundstückseigner.

Endlich sind die restlichen Dachziegel gekommen. Ein Gruppenfoto vor Beginn der Arbeit. Auf dem Dachsims stehend Vadder Gamelin mit dem Klempner Bochmann. Dahinter, durch die Dachlatten guckend, Martin. Rechts im Fenster Igor aus Kiew und weiter oben die beiden anderen Russen Stani und Kolja. Links, fast verdeckt, Maurer Lempfert bei der Arbeit.

Jetzt dürfen wir anfangen zu bauen. Zum Glück sind wir fast schon fertig. Für einen Baubeginn wäre es viel zu spät. Wie wäre es uns ergangen, wenn wir keine Initiative ergriffen hätten? Wenn wir auf den Gang der Bauamtsbürokratie gewartet hätten?

**25. November 1944**

Das Dach ist halb fertig und es regnet. Planen zum Abdecken gibt es nicht. Die Russen kommen regelmäßig, um den Dachdeckern die Ziegel hinaufzureichen. Wider Erwarten ist Vadder Gamelin nun doch zum Arbeitseinsatz nach Brunsbüttelkoog eingezogen worden, "zum Schützengraben schippen", wie er sagt.

Am Abend wieder ein schwerer Angriff auf Hamburg. Die Brände sieht man bis Aumühle leuchten.

Gestern bin ich nach Hamburg gefahren, um die Berechtigungsscheine für das Glas zu besorgen. Ohne diese kann man kein Glas kaufen. Aber wer hat noch Glas, das er verkaufen könnte? Vielleicht kann uns der Gipsermeister Reinke aus Bergedorf dabei helfen, den Kurt im Sommer zufällig bei einem Luftangriff in Hamburg im Luftschutzkeller kennengelernt hat. In Hamburg ist es überhaupt nicht schwierig und dauert auch gar nicht lange, die Bezugsscheine zu bekommen. Aber kaum sitze ich wieder im Zug, heißt es im Bahnhof Berliner Tor: "Alle aussteigen! Fliegeralarm!"

Wir werden in den Bunker neben dem Bahnhof geführt, der völlig überfüllt ist. Es gibt keinen Sitzplatz mehr. Drei Stunden müssen wir im Bunker bleiben. Als wir dann endlich wieder herauskommen, erfahren wir, dass erneut die Bahnstrecke am Tiefstack getroffen worden ist. In der Nähe des Bunkers stehen Lastwagen, mit Schildern versehen, die ihren Bestimmungsort anzeigen. Auch ein Lastwagen nach Bergedorf steht da. Und von Bergedorf kann ich dann mit der Bahn weiter nach Aumühle fahren. So bin ich fast einen ganzen Tag unterwegs gewesen, um ein Stück Papier zu bekommen, das es uns erlaubt, das Glas für die Fenster zu kaufen.

Winter 1944/45. Nicht nur Lebensmittel waren knapp. Ebenso wenig gab es Kohlen oder Briketts. Während wir im Sachsenwald diesen Mangel an Heizmaterial kaum spürten, kletterten in Hamburg viele Leute, darunter auch ältere Frauen, in den Trümmern herum und suchten nach Holzteilen, Brettern, Türen und Dachbalken, die sie in ihren Öfen verfeuerten.

Die beiden Zimmer und die Küche sind verputzt, auch der Flur. Die Schornsteine können wir benutzen. Es fehlt nur noch das Gas. Aber kochen können wir jetzt auf dem Kohlenherd in der Küche, mit unserem Holz.

Der Außenputz fehlt, dafür haben wir keinen Zement mehr bekommen. Unsere Tauschobjekte sind so ziemlich am Ende. Dass der Außenputz fehlt ist bei diesem Dauerregen sehr schlimm. Auch eine Dachrinne ist noch nicht in Sicht, obwohl Bochmann sich sehr bemüht. Die unverputzten Wände sind wie ein Schwamm, der die Feuchtigkeit aufsaugt. Zement fehlt natürlich auch für die Außentreppe zum Eingang, es bleibt also bei der behelfsmäßigen Holzleiter.

**5. Dezember 1944**

Am Montag kommen der Maurer Schmidt und Vadder Gamelin von ihrem Einsatz zurück. Beide sind recht ärgerlich über die Arbeiten, die während ihrer Abwesenheit nicht fachgerecht gemacht worden sind. Doch wir mussten ja irgendwie weiter kommen. Der Winter steht vor der Tür und wir wohnen noch immer in der hölzernen Baubude.

Nun fehlen noch die Kellertür und die Treppe zum Boden, nicht zu vergessen die Treppe zum Eingang. Vielleicht können wir bis Weihnachten unser Haus beziehen? Dann brauchen wir aber noch einige Möbel. Woher werden die kommen?

**10. Dezember 1944**

Die Wasserleitung im Keller ist endlich angeschlossen. Falls wir noch einige Rohre auftreiben, kann die Leitung bis zur Küche verlängert werden. Obwohl die Kellerräume als Lager ideal wären, können wir sie kaum benutzen. Es gibt noch keinen Fußboden, man steht auf dem blanken Lehmboden, wenn man überhaupt stehen kann. Meistens ist nämlich der Boden mit Wasser bedeckt. Wir wissen nicht, ob es Regen-

Die Mönckebergstraße im Winter 1944/45. In jedem Laden stand ein kleiner Blechofen mit eigenem Abzug, der durch Fenster oder Türen nach draußen führte. Geheizt wird mit Trümmerholz. Die Öfen waren einfach aus rundem Blech geschweißt und sahen aus wie kleine Mülleimer. Das Ofenrohr, oft selbst gemacht aus Regenrohren, passte nicht in die vorgesehene Öffnung. So blieb der Qualm in den Räumen und machte das Atmen schwer. Kein Wunder, dass die Läden und Büros immer verqualmt waren, dass es einen ewig im Hals kratzte und dass die Kleidung im Winter ständig nach Schornstein roch.

wasser ist, das in den Keller sickert, oder Grundwasser. Um überhaupt den Keller – jedenfalls etwas – nutzen zu können, muss das Wasser von uns mit Eimern ausgeschöpft werden. Eines Tages kommt Martin mit einer Wasserpumpe an, die er im Baugerätelager von Bartels organisiert hat. Als nächstes gräbt er ein Loch im Keller, damit das Wasser sich dort sammeln kann. Wenn er aus der Schule kommt, pumpt er nun jeden Tag mit einem Schlauch das angesammelte Wasser aus dem Keller. Hundertfünfzig Schläge pro Tag. Das wird im Laufe der vielen Wochen so zur Routine, dass wir mit dem Mittagessen erst anfangen, wenn Martin seine Pumperei erledigt hat.

## 15. Dezember 1944

Jetzt ist es endlich möglich, das Haus innen so herzurichten, dass wir einziehen können. Die Angelegenheit mit den Möbeln hat sich ganz überraschend geregelt. Onkel Tommy, der uns damals schon bei unserer abenteuerlichen Fahrt in das brennende Hamburg geholfen hatte, musste wieder von Wittenburg nach Hamburg fahren. Bei dieser Fuhre hat er unsere Sachen, zum größten Teil Betten und Matratzen, von Pastor Graf nach Aumühle gebracht.

Der Bürgermeister von Aumühle leiht uns noch einige der Luftschutzbetten, die hier im Bismarckturm für Notfälle eingelagert wurden. Da die Büroräume von Kurts Firma in der Hamburger Schmilinskystraße nicht mehr benutzt werden, können wir dort ein paar Tische, Stühle und Schränke holen. Kaczmareks Holzgas-Lastauto bringt auf einer Hamburgfahrt als Rückfracht die arg lädierten Büromöbel mit.

Rohre haben wir auch bekommen, nun kann Bochmann die Gas- und die Wasserleitung in die Küche legen. Eine richtige Lichtleitung soll in der nächsten Woche kommen. Zwar haben wir noch keine Lampen und Glühbirnen, aber auf irgendeine Art werden wir sie besorgen. Das Haus kann nun richtig bewohnt werden, wir gehören nicht mehr zu den Obdachlosen.

Wir haben es geschafft! Der Weg zurück ist uns geglückt!

Dezember 1944. Das Haus ist fertig, jedenfalls so ziemlich. Aber das Wichtigste gibt es immerhin schon: Dach, Wände, elektrischen Strom, Wasser (im Keller) und zwei Öfen. Der Rest, Toilette, Bad die Treppen, Zimmertüren, Lampen und der Fußboden im ersten Stock, kommen bald nach Kriegsschluss. Aber erstmal: fertig!

## Adventszeit 1944 in Aumühle

Ein gutes halbes Jahr ist vergangen, seit wir uns in Haynau entschlossen hatten, hier neu anzufangen. Wir sind allen dankbar, die uns geholfen haben, den damaligen Traum von einer neuen Zukunft zu verwirklichen! Der Anfang ist geschafft, doch bleibt noch sehr viel zu tun, bis unser Haus die einmal gedachte Gestalt haben wird.

Die Weihnachtsvorbereitungen beginnen. Gamelins haben geschlachtet, wir bekommen Wurstsuppe und Grützwurst. Da in diesem Jahr keine Tannenbäume zum Kauf angeboten werden, können wir unser Dankeschön mit einem Tannenbaum von unserem Grundstück verbinden, denn davon haben wir hier noch eine Menge.

Draußen ist starker Frost, Holz von unseren Baumstubben gibt es noch reichlich, nur sind die leider klitschnass. Selbst mit viel Geduld lässt es sich durch Zeitungspapier nicht anzünden, wobei es ja kaum Zeitungen gibt. Und wieder hat Martin einen kühnen Vorschlag. Er schleppt, wer weiß woher, einen Kanister mit Dieselöl an. Damit ist es nun ein Kinderspiel, das nasse Holz anzustecken. Zuerst wird der Ofen mit Reisig und Holz bis obenhin gefüllt, dann kommt ein kräftiger Schluck Dieselöl über die ganze Sache und wird angesteckt. Es macht "wuff", wobei ich jedes Mal erschrecke, aber danach fängt das Holz an zu brennen. Zwar stinkt es ziemlich, aber es wird schnell warm.

## 16. Dezember 1944

Kurt bekommt einen Einberufungsbescheid. Am Mittwoch muss er sich in der Douaumont-Kaserne in Wandsbek melden. Douaumont ist für ihn eine traurige Erinnerung, denn vor diesem Außenfort von Verdun hat er 1916 zwei Monate bis zu seiner Verwundung gekämpft.

Er verlässt uns mit sehr gemischten Gefühlen und hat wohl Sorge, dass er uns nicht mehr wiedersieht. Aber Weihnachten ist ja nicht mehr weit und er wird sicher Urlaub bekommen, damit wir dieses Weihnachtsfest noch miteinander in unserem neuen Haus erleben können.

**17. Dezember 1944**

Es weihnachtet sehr. Heute haben wir braune Kuchen gebacken. Alle dürfen mithelfen, auch der kleine Günter. Die Großeltern aus Hamburg wollen am ersten Weihnachtsfciertag kommen und mit uns feiern. In der letzten Woche ist der Opa hier gewesen und hat uns Schmuck für unseren Tannenbaum gebracht, der noch aus seiner Kinderzeit stammt. Für Renate habe ich selbst eine Puppe genäht, Günther bekommt Bauklötze, die Martin für ihn gebastelt hat.

**20. Dezember 1944**

Martin ist heute nach Hamburg gefahren, um mit dem Weihnachtsmann zu sprechen und seine kleinen Weihnachtseinkäufe zu machen. Schnell ist er wieder zurück, denn es gab Alarm und er ist froh, wieder in Aumühle zu sein. Viel wird er wohl nicht bekommen haben, doch er tut sehr geheimnisvoll.

**24. Dezember 1944**

Weihnachten! Kriegsweihnachten!

Wir sind sehr glücklich, dass wir heute Abend in unserer eigenen warmen Stube sitzen können. Allerdings ist Martin noch nicht da.

Die Schwester von Trudel hat in Billstedt im Haus ihres Vaters eine kleine Kerzenfabrik eingerichtet. Kleine Aromagläser werden mit Wachs gefüllt, nachdem vorher ein Docht eingetunkt worden ist. Wenn das Wachs hart ist, wird das Glas in warmes Wasser gehalten und man kann die Kerze am Docht aus dem Glas ziehen. Eine der vielen tollen Erfindungen, von denen man überall hört. Die Menschen sind sehr einfallsreich, wenn es darum geht, die Dinge herzustellen, die ihnen fehlen. Martin ist mittags losgefahren und eigentlich dachten wir, er würde bei Einbruch der Dunkelheit gegen fünf Uhr zurück sein. Gerade als wir gegen neun Uhr anfangen, uns Sorgen zu machen, rumpelt es an der Tür. Martin erscheint strahlend und mit Kerzen in der Hand. Ich bin froh, dass er heil und gesund wieder da ist.

Beinahe hätte er es nicht mehr geschafft zurückzukommen. Er hat zwar die Kerzen ohne Probleme bekommen und sich gleich auf den Rückweg gemacht, aber es fuhr keine Straßenbahn mehr. Zu Fuß lief er zum Bahnhof Billwerder Moorfleet, was ungefähr eine Stunde dauerte. Zu seinem Schrecken fuhr dort auch kein Zug mehr nach Aumühle.

Not macht erfinderisch. Gar nicht weit vom Bahnhof Billwerder Moorfleet ist der große Güterbahnhof, auf dem die Züge nach Berlin zusammengestellt werden. Und wie durch ein Wunder hat er tatsächlich einen Lokomotivführer gefunden, der kurz davor war, mit seinem Zug nach Berlin abzufahren. Martin darf auf die Lok steigen und mitfahren. Allerdings hat es bis zur Abfahrt dann doch noch zwei Stunden gedauert. Kurz vor Aumühle hat der Lokführer den Zug so abgebremst, dass Martin ohne Probleme auf den Bahnsteig springen konnte. Eine unglaubliche Geschichte, aber so etwas passiert heutzutage andauernd.

Die Kleinen hören auf zu quengeln, weil nun endlich die Bescherung beginnen kann. Kurt spielt auf der Geige, die Onkel Tommy uns in der Adventszeit aus Wittenburg gebracht hat, "Stille Nacht, Heilige Nacht". Die Bescherung ist mehr als bescheiden, Geschenke gibt es kaum. Martin hat mir in Hamburg ein Küchenbrett gekauft und für den Vater zwei Eierbecher mit Goldrand. Die Kleinen freuen sich über die Puppe und die Bauklötze. Das Wichtigste ist doch, dass wir unter dem Tannenbaum zusammen sitzen können und Weihnachten feiern.

Werner fehlt uns sehr. Das erste Weihnachten ohne ihn. Unsere Gedanken gehen zurück: das letzte Jahr in Haynau und 1942 noch in Hamburg. Da hatte Kurt den schönsten Weihnachtsbaum gekauft, den wir je hatten. Und jetzt? Wird 1945 ein neuer Anfang sein?

Noch ist Kurt bei uns. Am Mittwoch wird er sein Päckel nehmen und wieder nach Wandsbek in die Kaserne gehen.

Weihnachten 1944. Das erste Weihnachten im neuen Aumühler Zuhause. Bis auf Werner ist die Familie um unseren Weihnachtsbaum versammelt. Ein Gefühl von Heimat, von Geborgenheit erfüllt uns – das ist wichtiger als alles andere. Der größte Stolz dieses Heiligabends aber neben dem Weihnachtsbaum ist die tapezierte Zimmerwand, vor der wir sitzen. Der Tapetenrest reichte leider nur für eine Wand, die anderen drei Wände sind noch roher Putz und auch etwas feucht. Leider hat der Selbstauslöser des Fotoapparats nicht so richtig funktioniert. Deswegen ist Kurt nur knapp am Bildrand zu sehen.

## Januar 1945 in Aumühle

Hier ist ein ziemlich kalter Winter angekommen, wir sind eingeschneit. Gestern kam glücklicherweise der Ofen für den Flur. Da wir nun in Aumühle wohnberechtigt sind, haben wir auch unsere Kohlenzuteilung bekommen: fünf Zentner Briketts, nicht viel für den ganzen Winter. Untergebracht haben wir sie erst einmal in der Bude, denn in den Keller gibt es noch immer keine Treppe. Dafür steht dort Grundwasser.

## 13. Januar 1945

Kurt hat einen Tag Urlaub. Abends sitzen wir beim Abendbrot, da kommt der Nachbar und erzählt, im Wehrmachtsbericht sei von einer großen Offensive berichtet worden. Kurt macht ein sehr ernstes Gesicht. Er meint, dass dies wohl der Anfang vom Ende sei. Er ist ja oft im Osten gewesen und hat gesehen, wie schlecht es dort ging. Schon im Herbst gab es keinen richtigen Eisenbahnverkehr mehr und die Soldaten erzählten von der Front, dass sie oft tagelang keine Munition und keine Verpflegung bekommen hätten, und dass es ein Wunder sei, dass die Front noch stehe. Auch der Nachbar macht ein ernstes Gesicht.

Ich bin froh, dass wir nicht mehr in Haynau sind, sondern hier in Norddeutschland. Bis hierher werden die Russen wohl nicht kommen.

## 26. Januar 1945

Kurt ist jetzt in der Kaserne in Lübeck. Er bat bei der Kommandantur im Hinblick auf unsere schwierige Lage, ihn in die Nähe von Aumühle zu versetzen. Nun muss man abwarten. In seinem letzten Brief schrieb er, dass in Travemünde Schiffe mit Flüchtlingen aus Ostpreußen angekommen sind, da die Eisenbahnlinien bei Elbing durch die Russen blockiert sind.

## 30. Januar 1945

Heute habe ich im Wehrmachtsbericht gehört, dass die Russen vor Breslau sind. Hoffentlich kommt bald Tauwetter, dass sie dort im Schneematsch stecken bleiben, damit sich unsere Gegenmaßnahmen, von denen im Radio immer gesprochen wird, auswirken können. Es dürfte nicht ausgeschlossen sein, dass die Verwandtschaft in Haynau schon die Koffer gepackt hat. Aber wo sollen sie jetzt hin, wenn nicht zu uns in die Aumühler Bude?

Als wir im August letzten Jahres den Rest unserer Sachen holten und die Bemerkung wagten, sie könnten ja zu uns in den Norden kommen, wenn es hier in Schlesien ungemütlich würde, reagierte Onkel Erwin sehr böse. Er glaubte ja damals noch an den Sieg. Nun wird es immer wahrscheinlicher, dass Haynau bald geräumt werden muss.

Eine größere Gruppe Flüchtlinge ist aus Schlesien angekommen, darunter auch viele Breslauer. Sie sind alle in der Reithalle am Bahnhof untergekommen, die dafür zur Verfügung gestellt werden musste und in ein Massenquartier umgewandelt wurde. Die Schulen sind teilweise schon seit November geschlossen und als Notunterkünfte für Evakuierte, Ausgebombte und Flüchtlinge hergerichtet worden.

## 31. Januar 1945

*Mein lieber Kurt,*
*hier ist tiefer Winter, wir sind richtig eingeschneit und kalt genug ist es auch. Doch nun ist unser Ofen im Korridor in Betrieb und das macht doch etwas aus.*

*Martin war heute das letzte Mal in der Schule, die bis Kriegsende geschlossen ist. Renate geht vorläufig noch dreimal die Woche. Martin wird wohl auch zum Einsatz kommen, Granaten drehen oder schippen. In die Schule sind Flüchtlinge einquartiert worden. In der Gaststätte Buschbek ist ein Massenquartier eingerichtet, wo ein ganzer Zug mit Breslauern untergebracht wurde. Von den Haynauern keine Nachricht.*

*Am Freitag war ich mit Trudel im Kino, wo ganz Aumühle sich ein Stelldichein gab. Es gab "Tonelli". Der Film hat mir ganz gut gefallen. Ich saß mit Fräulein Wenner zusammen und ihrer Freundin, Fräulein Dr. Lilly Vogel. Die gute Lilly will mir Samen besorgen. Inzwischen habe ich aber für ungefähr 15 Mark Samen bei der Gärtnerei Horstmann in Elmshorn bestellt und hoffe, Bohnen und Erbsen zu bekommen.*

*Gestern ist Trudel eine dicke fette Maus in die Falle gegangen, die so nett und appetitlich aussah, dass Trudel sie mir erst mal ins Bett legte. Hab' ich gequietscht! Dann hat Martin sie in ein hübsches kleines Paket gepackt und es unterwegs 'verloren'. Wer das wohl gefunden hat?*

*Mir kommt es bald so vor, als wenn Du ein bissel schreibfaul geworden bist he ---? Denn ich war früher Besseres gewöhnt. Na, macht sich da vielleicht der Winter und der lange Krieg bemerkbar?*

*Für heute viele liebe Grüße von uns allen,*
*im Besonderen von mir,*
*Deine Ilse*

## 1. Februar 1945

*Mein lieber Kurt,*
*zuerst muss ich mich nun wohl entschuldigen, dass ich gedacht habe, Du bist ein bissel schreibfaul geworden. Doch ich ließ ja gleich die Frage offen, dass vielleicht der Winter oder der Krieg schuld seien. Und so ist es auch. Heute kamen die Briefe vom 24., 26., 27., 28., und 29. Januar.*

*Trudel staunte über den Postsegen, da kommt ja ihr Freund, der Dichter, kaum mit. Von dem hat sie seit ihrem Geburtstag keine Post. Er steht in Ostpreußen in schwerem Kampf, wenn er noch lebt.*

*Es ist ja jetzt eine schwere Zeit und ich danke jeden Morgen und Abend dem lieben Gott für meinen schlauen Mann, der uns rechtzeitig von Haynau nach hier verfrachtet hat.*

*Was man so alles von den Flüchtlingen hört, ist so schrecklich, dass man gar nicht davon reden mag. Kleine Kinder so wie Günti und kleine Babys, tot getrampelt in und vor den Zügen. Ich glaube das schon, wenn ich an unsere Erlebnisse in Berlin denke. Dass die Schlesier einen solchen Beitrag zum Kriege geben müssen, hat im vorigen Jahr niemand geahnt.*

*Tante Meta wird oft an uns denken und anders als im vorigen Jahr. Letzten Endes haben wir doch recht behalten. Ich habe noch keine Nachricht von ihnen ...*

**5. Februar 1945**

Aus Stolp in Pommern keine Nachricht. In Stolp wohnt meine Tante Erna mit ihren beiden Kindern Hans-Georg und Annemarie. Ihr Mann, Onkel Paul, ist im Warthegau bei der Feldpost. Was man von den Flüchtlingen hört ist schrecklich. Ein junges Mädchen ist 100 Kilometer von Breslau durch Eis und Schnee gelaufen aus Angst vor den Russen. Der zweite Bürgermeister von Breslau soll wegen Feigheit auf dem Marktplatz erschossen worden sein, weil er den Breslauern zur Abreise riet. Ich bin recht froh und dankbar, dass wir jetzt hier sind und nicht in Schlesien. Ferngespräche nach Osten werden nicht mehr angenommen.

**10. Februar 1945**

*Lieber Kurt,*
*heute morgen kam Dein müder Brief an und zur Belohnung will ich Dir sofort wieder schreiben. Damit Deine Einsamkeit durch einen kleinen Lichtstrahl erhellt wird. ...*

*Von Werner immer noch keine Nachricht. Ich mache mir große Sorgen. Auch von Tante Metas Sohn Bruno haben wir noch nichts gehört ...*

**12. Februar 1945**

Ich habe heute auf Umwegen aus Haynau einen Brief von Lilo, der Tochter von Onkel Erwin, erhalten. Ein Brief, der mich sehr erschüttert hat. Sie schreibt, was sich dort alles seit dem letzten Jahr verändert hat.

Onkel Erwin hat seinen Laden schließen müssen und ist zum Volkssturm eingezogen worden. Bruno, ihr kleiner fünfzehnjähriger Bruder, ist beim Arbeitsdienst in Grünberg an der Oder und wahrscheinlich schon im Einsatz. Das Haus ist voll von Einquartierung, Flüchtlingen und Soldaten. Tante Meta ist völlig mit den Nerven runter. Der Zusammenbruch aller vertrauten Verhältnisse und der Gedanke an Flucht lassen sie verzweifeln. Durch Lilo lässt sie fragen, ob es nicht ein Plätzchen in Aumühle für sie gäbe, falls sie fliehen müssten.
Ja, wer hätte das vor einem Jahr gedacht! Die Erde dreht sich – und alles, was darauf ist, auch. Am letzten Sonntag war es gerade ein Jahr her, dass ich mir den Arm brach, als ich gegen Onkel Erwins Willen nach Hamburg fuhr, um den Anfang für den Bau unseres Behelfsheimes zu planen.

Ich habe gleich geschrieben, aber wann wird der Brief ankommen? Lilos Brief war zehn Tage unterwegs. Telegramme schicken ist nicht möglich. Der Postbeamte hat mir erklärt, in Liegnitz wird schon gekämpft und Haynau ist zum Frontgebiet erklärt. Sicher werden sie schon auf dem Weg zu uns sein.

Kurt hat seine Versetzung bekommen. Er ist mit seiner Einheit nach Munsterlager bei Soltau verlegt worden, dort ist ein großes Kriegsgefangenenlager. Mit seinen Leuten muss er französische Offiziere bewachen. Die Unterbringungsmöglichkeiten für die Wachmannschaften sind offenbar sehr begrenzt.

Er ist in einem Bauernhof untergekommen, die Schlafräume sind im ehemaligen Pferdestall. Die Verpflegung ist sehr eintönig und knapp. Ein großes Problem ist für ihn frische Wäsche.

So merkwürdig sich das für einen Soldaten anhört. Durch einen alten Freund, der beim Batallionskommando in Börnsen stationiert ist, nur wenige Kilometer von Aumühle entfernt, wird ein kleiner Kurierdienst eingerichtet. Jede Woche schickt er seine schmutzige Wäsche nach Börnsen. Dort holt Martin sie ab, was bei Temperaturen unter null Grad immer sehr anstrengend ist. Einmal habe ich ihn begleitet.

## 14. Februar 1945

Am Montag Nachmittag komme ich mit Martin von einer Einkaufsreise aus Hamburg zurück. Wir sind auf Verdacht gefahren, in der Hoffnung, irgend etwas ergattern zu können. Nachdem wir wohl zwei Stunden durch die Innenstadt geirrt sind, sehen wir an der Mönckebergstraße vor dem Geschäft von Gevers & Myrus eine lange Schlange. Wir versuchen herauszubekommen, was es dort gibt, aber niemand weiß es. Kurzentschlossen haben wir uns auch angestellt und nach etwa einer Stunde kommen wir in den Laden. Da gibt es zur Überraschung – nicht nur von uns, sondern auch von allen anderen, die sich angestellt haben – die Mitteilung, dass Waschbretter frei verkäuflich wären, und zwar pro Person eines.

Also haben Martin und ich je ein Waschbrett gekauft. Eine etwas seltsame Beute, aber immerhin besser als gar nichts. So kommen wir dann am späten Nachmittag in Aumühle mit je einem Waschbrett unter dem Arm an.

Zu unserer großen Überraschung macht uns Tante Metas Tochter Lilo die Tür auf und hilft mir, die Hühnerleiter in den Flur hinaufzuklettern. Die beiden haben eine sehr lange Reise hinter sich. Vier Tage sind sie unterwegs gewesen, haben aber jeder einen Koffer mit Sachen, die ihnen wichtig waren, gerettet. Tante Meta sitzt still in einer Ecke und Lilo erzählt, wie es ihnen ergangen ist:

Letzten Freitag sind sie früh am Morgen aufgebrochen, als die Situation dort völlig aussichtslos geworden war. Onkel Erwin musste mit dem Volkssturm in Haynau zurückbleiben. Weil es für Lilo und Tante Meta keine andere Möglichkeit gab, sind sie zu Fuß im Schneegestöber bis zur Umgehungsstraße gelaufen. Dort nahm sie ein Lastauto mit nach Bautzen. Sie sind sechzehn Mal umgestiegen, weil die Züge entweder angehalten oder umgeleitet wurden.

Aber sie sind tatsächlich in Hamburg angekommen. Als Tante Meta dann die Trümmer sah, war sie furchtbar erschrocken. So hatte sie es sich trotz unserer Erzählungen nicht vorgestellt. Zum Glück fanden sie recht schnell einen Zug nach Aumühle.

Nun erscheint den armen Flüchtlingen Aumühle wie ein Paradies. Sogar unser Häusel ist nun ganz annehmbar. Dieses Häusel ist zwar ein Behelfsheim, aber aus Stein und mit richtigem Dach. Das Obergeschoss ist noch nicht ausgebaut. Es gibt keine Treppe nach oben, nur eine Leiter. Die zwei Räume unten sind zwar für uns vorläufig ganz erträglich, aber nun wird es für uns alle sehr eng werden. Und draußen ist es bitter kalt.

Wir müssen sehen, ob wir oben die große Stube ausbauen. Schmidt hat es uns schon zugesagt, aber das Material fehlt. Vielleicht gibt es jetzt Materialscheine für uns aus Ratzburg, weil wir Flüchtlinge aufgenommen haben.

**17. Februar 1945**

Heute morgen ist Onkel Erwin angekommen. Er erzählt:

"Nach Tante Metas Abreise haben die Russen angefangen, Haynau mit Granatwerfern zu beschießen. Sie kamen über den Bahndamm und griffen die Stadt an. Die alten Männer vom Volkssturm, die Invaliden und die paar versprengten Soldaten waren den russischen Infanteristen im Straßenkampf nicht gewachsen. Der Volkssturm hat sich nach Brockendorf zurückgezogen.

Das Waschbrett, das es zufällig im Winter 1945 bei Gevers & Myrus in der Mönckebergstraße zu kaufen gab, existiert noch. Zunächst tat es mir bis zum Einzug der ersten Waschmaschine 1951 treue Dienst. Berge von Wäsche habe ich auf ihm sauber geschrubbt. Dann wurde es einige Jahre als Instrument der Skifflegroup der Söhne genutzt, die es danach in eine Ecke im Keller stellten. Nach 50 Jahren fand ich es beim Aufräumen des Kellers wieder.

Die Alten und Invaliden wurden aus der Volkssturmkompanie entlassen und durften zu ihren Verwandten im noch nicht besetzten Reichsgebiet gehen. Das meine ich ganz wörtlich: wir sind tagelang zu Fuß gegangen.

Erst kurz vor Berlin haben wir einen Zug bekommen, der über Magdeburg nach Westen fuhr. Es war erbärmlich kalt. Einige konnten nicht mehr weiter und sind zurückgeblieben. Jetzt habe ich eine Anweisung, mich bei der Wehrmacht in Hamburg zu melden."

Lilo und Onkel Erwin fühlen sich vorläufig sehr wohl hier. Aber Tante Meta trägt schwer an ihrem Schicksal. Sie weint sehr viel und kann noch immer nicht begreifen, dass alles, was einmal ihr Leben ausgemacht hat, für immer verloren ist.

Endlich haben wir Nachricht von Werner bekommen, nachdem wir schon fast drei Wochen nichts mehr von ihm gehört hatten. Ich war in großer Sorge, dass er wieder an die russische Front verlegt worden ist, aber Gott sei Dank ist es nicht so.

Er hat gestern vom Altonaer Bahnhof aus in der Glücksburger Straße angerufen. Von Aumühle hatte er keine Nummer. Zum Glück war die Frau, die jetzt mit ihrem Mann dort provisorisch untergekommen ist, gerade zuhause. Werner ist jetzt mit einem Truppentransport unterwegs nach Westen. Er ist zum Fahnenjunker-Unteroffizier befördert worden und soll auf eine Kriegsschule in Weilburg kommen. Kurt findet, er ist viel zu jung dafür.

Kurt ist nach Wietzendorf in der Lüneburger Heide verlegt worden. Seine Kommandostelle ist in Börnsen, in der Nähe von Aumühle. Vielleicht wird er einmal als Kurier von Wietzendorf nach Börnsen geschickt. Vielleicht gelingt es ihm, einen kleinen Abstecher zu uns machen, so dass wir uns kurz sehen können.

Für mich ist der Alltag nicht leicht, da uns noch so vieles zu einem normalen Leben fehlt. Aber mit einem einigermaßen guten Willen muss es ja irgendwie weitergehen, auch wenn der Brotkorb nun für uns alle noch ein Stückchen höher hängt.

Die ausgebrannte Reisegepäckhalle im Hauptbahnhof auf der Seite der Kirchenallee. Heute ist hier das Bundesbahn-Reisezentrum. Doch Reisegepäck war es nicht, was hier lagerte. Es waren die Koffer der Ausgebombten, oft mit Band zugeschnürt, Pappkartons mit der letzten Habe der Flüchtlinge, Bündel mit Bettwäsche, Kinderwagen, kleine Möbelstücke wie Nachttische oder Kinderbettgestelle. Ein furchtbarer Schicksalsschlag für viele, nun auch noch den letzten, kleinen, geretteten Rest ihres Besitzes zu verlieren.

## März 1945

Nach Hamburg zu fahren ist im Augenblick unmöglich, obwohl ich dringend viele Dinge zu erledigen hätte. Es gibt viele schwere Angriffe, auch tagsüber. Gestern war es schlimm. Die Hochbahn zwischen Schlump und Hellkamp ist wieder zerstört. In Altona fahren im Augenblick keine Straßenbahnen, der Hauptbahnhof brannte wieder einmal lichterloh und in vielen Stadtteilen ist der Strom ganz ausgefallen. Ich wollte in die Glücksburger Straße fahren, um Bettwäsche für die Haynauer zu holen und die anderen Dinge, die wir jetzt so nötig brauchen. Aber im Augenblick geht das nicht. In Aumühle ist es immer noch erträglich, obwohl es hier auch wegen der häufigen Besuche der Tiefflieger nicht ganz ungefährlich ist, ins Dorf oder auf den Bahnhof zu gehen.

## ca. 12. März 1945

Gestern war es auch in Aumühle sehr schlimm. Obwohl wir keinen Alarm hatten und auch keine Flugzeuge hörten, standen viele Tannenbäume am Himmel, die Gefahr anzeigten. ‚Tannenbäume‘ sind die Leuchtkugeln, die an einem kleinen Fallschirm hängen, sehr, sehr langsam zu Boden sinken und den Bombern ihre Ziele zeigen. Wir wickelten die Kinder in Decken und liefen schnell über die Straße, um Schutz im Keller des großen Hauses von Behrens gegenüber zu suchen. Doch nach einer Stunde konnten wir, ohne dass etwas geschehen war, zurückgehen, weil eine Art Entwarnung kam. Tante Meta, die ja an solche Dinge nicht gewöhnt ist, war so verstört, dass wir nicht wussten, wie wir ihr helfen sollten.

## 18. März 1945

Von Werner keine Nachricht. Von Tante Metas Sohn Bruno auch nicht. Wo sie jetzt sein könnten, weiß niemand. Onkel Erwin hat Glück gehabt. Er ist als Aushilfe im Büro der Wandsbeker Kaserne untergekommen. Er kann dort schlafen und essen, aber zu seinem Kummer ist das Essen dort nicht so gut, es gibt zu wenig Kartoffeln. Wir haben hier Kartoffeln bekommen, so nebenbei 70 Pfund, aber Hunger haben wir auch. Je weniger es gibt, desto mehr Hunger hat man, besonders die Kinder.

**20. März 1945**

Jetzt spürt man, dass der Frühling kommt. Draußen im Wald probieren die Vögel ihre Lieder. Gestern, als ich am Abend vor die Tür ging, saß ein Specht auf einem Baumstubben, drehte sich um und flog langsam auf die nächste Birke zu.

**22. März 1945**

Gestern sind die Verwandten aus Stolp angekommen. Ich war zuerst so erschrocken, dass ich nichts sagen konnte. Als es klopfte und ich die Tür öffnete, standen sie vor unserem Haus. Auf der Holzstiege stand Tante Erna, dahinter ihre Tochter Annemarie mit einem kleinen Kind auf dem Arm. Daneben ein junges Mädchen in Annemaries Alter, eine Pflegetochter, wie Tante Erna sagte.

Die armen Menschen. Es ist unglaublich, was sie alles durchgemacht haben. Als sie Stolp verließen, waren die Russen schon in der Stadt, die sie seit einigen Tagen beschossen hatten. Es war ein höllisches Geschieße, Verwundete überall. Kaum einer konnte ihnen helfen. Dazu war es bitterkalt. Onkel Paul war in der Nähe von Danzig zum Postdienst eingesetzt und so beschloss Tante Erna, Stolp zu verlassen, um auf irgendeine Weise nach Danzig zu kommen. Auf dem Stolper Bahnhof erreichten sie noch einen Zug, der nach Gotenhafen (heute Gdynia) fahren sollte. Gepäck mitzunehmen war kaum möglich, da sie ja das kleine Kind bei sich hatten. Unterwegs wurde der Zug beschossen. Ein Volltreffer ging in die Lokomotive, der Zug blieb stehen. Einige Russen kletterten schon in den letzten Wagen, da hieß es: Rette sich wer kann! Sie mussten alles, was sie noch besaßen, im Zug zurücklassen, quer über die Felder laufen und versuchen, zu Fuß Gotenhafen zu erreichen. In Gotenhafen wurden die Flüchtlinge auf Dampfer verladen, die in Richtung Swinemünde fahren sollten. Zwei Dampfer, die auch in ihrem Konvoi fuhren, wurden torpediert und sanken. Sie aber hatten Glück, kamen in Swinemünde an und dann über Anklam zu uns.

Nun wird es immer schwieriger. Platz gibt es hier kaum, obwohl Martin schon mit seinem Bett in die Bude gezogen ist. Trotz der großen Kälte. Zunächst habe ich für Frühstück und Waschwasser gesorgt. Wir haben weder für alle zu essen, noch Raum, um neue Betten aufzustellen. Die einzige Möglichkeit scheint mir, aufs Gemeindeamt zu gehen und um Hilfe zu bitten. Der Bürgermeister und Herr Holm sind sehr freundlich und hilfsbereit. Nachmittags habe ich schon einen Quartierzettel, am Abend können sie in ein Dachgeschoss in der Müllerkoppel einziehen und dort schlafen. Sie wurden sehr herzlich aufgenommen.

Es ist eine große Erleichterung, dieser Sorge enthoben zu sein. Aber es gibt noch eine Menge Lauferei, um ihnen weiterzuhelfen. Sie müssen doch so lange hier bleiben, bis Onkel Paul sich gemeldet hat. Mit ihm ist abgesprochen, der Treffpunkt der Familie ist Aumühle. Onkel Paul muss auf seine Versetzung in Gotenhafen warten. Ob er dort noch rechtzeitig fortkommen kann, ist sehr fraglich.

Ich staune immer wieder, dass in all dem Chaos, in dem wir leben müssen, Leute auf Anordnung ihrer Behörde warten, als sei tiefster Frieden. Wahrscheinlich ist Onkel Paul längst woanders, denn die Russen haben in Pommern schon die Oder erreicht.

## 2. April 1945

In der letzten Woche hatte ich noch viele Laufereien für die Stolper, aber nun sind sie gut untergebracht und können sich selbst helfen. Sie können kochen und haben inzwischen auch ihre eigenen Lebensmittelkarten bekommen. Ich hätte sie nur auf Kosten der Kinder durchfüttern können.

Mit den Haynauern geht es jetzt auch recht gut. Der Onkel kommt nach Aumühle, wenn er Freizeit hat. Tante Meta nimmt uns recht viel Arbeit ab, so dass Trudel und ich uns viel um Haus und Garten kümmern können. Das eine Zimmer oben ist zwar noch kein richtiger Wohnraum, doch als Schlafraum gut zu benutzen.

Die augenblickliche Lage macht uns alle nervös. Wir sitzen wie auf einem Pulverfass. Die Engländer kommen immer näher und man spricht davon, dass es im Vorfeld von Hamburg Kämpfe geben könnte. Ich gehe hier nicht mehr fort und ich hoffe, dass es das Schicksal nicht allzu hart mit uns meint. Auch die Sorge um Kurt und Werner lässt mich nicht zur Ruhe kommen. Nachts sausen andauernd einzelne Flieger über uns hinweg, manchmal werfen sie Bomben ab, offenbar ohne bestimmtes Ziel. Wahrscheinlich ist das auch nur ein Mittel, um die Bevölkerung zu beunruhigen. Wird es eines Tages mehr werden?

Mit unserem Haus geht es trotz aller Schwierigkeiten langsam weiter. Bezugsscheine für Baumaterialkontingente sind inzwischen wertlos. Man bekommt Material nur noch auf dem Tauschwege, am besten mit Zigaretten, wenn man welche organisieren kann.

**Ostern 1945**

Die Engländer sollen schon in Osnabrück sein. In Wetzlar und Gießen sind die Amerikaner. In der nächsten Zeit wird sich sicher noch viel mehr ereignen. Post von Kurt aus der Heide bekomme ich nur über seine Befehlsstelle in Börnsen. Wir hoffen, dass er doch bald selbst dorthin geschickt wird. Dann könnten wir uns vielleicht einmal sehen.

**6. April 1945**

Heute kamen wieder Briefe von Kurt aus Wietzendorf. Er schreibt:

> *Noch sind wir nicht im Einsatz und ich hoffe, dass ich doch noch einmal nach Börnsen kommandiert werde, wenn uns die Panzer*

*bis dahin nicht überrollt haben. Es ist furchtbar, die Ereignisse auf sich zukommen zu spüren und selbst nichts daran ändern zu können. Wenn nur die Elbe nicht zwischen uns liegen würde, hätte ich mehr Hoffnung, Aumühle doch noch vor dem Zusammenbruch zu erreichen. Was mit unserem Batallion geschieht, wissen wir nicht. Auf meinen Antrag auf Versetzung in die Nähe von Aumühle ist bisher nichts geschehen, aber noch ist alles möglich.*

*Es kommen immer neue Gefangene. Erst waren es nur Italiener, dann Franzosen aus einem Lager in Arnswald/Pommern. Jetzt sollen auch Russen, Serben, Polen und noch andere Gefangene eingetroffen sein, die in neu errichteten Zelten untergebracht werden mussten, da die Baracken alle voll belegt sind.*

*Unsere Verpflegung wird von Tag zu Tag schlechter, seit die Granatwerferabteilung hier abgerückt ist. Unter ihnen befanden sich viele Fahnenjunker-Unteroffiziere mit Frontbewährung, wie Werner. In ihre Baracken sind jetzt Volkssturmleute eingezogen, die sich "Freikorps Adolf Hitler" nennen und mit Maschinenpistolen ausgebildet werden. Vorwiegend sind es politische Leiter. Ich nehme an, sie kommen aus den besetzten Gebieten, weil sie sich dort zurückziehen mussten.*

*In unserer Küche sind jetzt drei Unteroffiziere von uns, die nach dem Motto kochen: viele Köche verderben den Brei. Sie behaupten natürlich, sie bekämen nichts Gescheites zugeteilt. Die aus dem Freikorps werden auch aus unserer Küche verpflegt und sollen sich beklagt haben. Vielleicht wird es nun besser. Jeder von uns weiß, dass es mit der guten Verpflegung vorbei ist, aber das wenige schmackhaft zuzubereiten, dürfte doch nicht so schwer sein. Frauen gibt es hier wohl nicht, die kochen können. Und von den Frauen der NS-Frauenschaft habe ich bisher nur gehört, dass sie umsonst unser Soldatenkino besuchen dürfen. Wenn ich jetzt meine Extra-Kartoffeln mir nicht braten könnte, dann wäre ich aufgeschmissen. Bloß Fett oder besser der Speck fehlt oft. Butter habe ich noch. Morgen will ich mir neue Eier organisieren. Im Dorf ist es so schlimm, dass man z. B. auf Fleischmarken nicht mal etwas Wurst bekommt.*

*Die Osterfeiertage sind hier kalt und regnerisch gewesen und jetzt ist es noch kälter geworden. Zu Deinem Geburtstag wollte ich Dir Deine Armbanduhr senden. Leider konnte sie der Uhrmacher noch nicht machen, da er über 14 Tage krank war. Es sollte eine Geburtstagsüberraschung für Dich sein.*

*Ist es jetzt nicht sicherer, einen eigenen Safe in einer Blechkiste im Garten einzugraben?*

*Gestern hat sich unser 'Kaczmarek', Jahrgang 1917, freiwillig zur Front gemeldet und ist schon abgerückt. Er ist Förster im Zivilberuf. Über mir liegt ein SS-Scharführer aus Neuengamme, wo er mit Herrn Lorenz zusammen war. Seine SS-Uniform hat er hier abgestreift. Er will nicht mal Parteigenosse gewesen sein. Seine Frau, die in Buxtehude bei der Wehrmacht arbeitet, hat ihn Ostern besucht.*

*Der Wehrwolf-Aufruf zu einem Partisanenkrieg hat mir etwas zu denken gegeben. Hoffentlich können wir uns doch noch mal gesund wiedersehen. Vielleicht zu Deinem Geburtstag. Die größte Geburtstagsfreude wäre wohl, wenn Du endlich mal ein Lebenszeichen von Werner erhieltest. Wo mag der arme Junge nur stecken? Eventuell müssten wir uns mit den Eltern des Jungen in Verbindung setzen, der mit ihm zur Kriegsschule nach Weilburg gefahren ist.*

**8. April 1945**

*Liebe Ilse,*
*mit Sehnsucht denke ich heute am Sonntag an Deinen Geburtstag und den Kuchen mit Bohnenkaffee. Die schöne Uhr, Dein Geburtstagsgeschenk, ist fertig. Ich trage sie jetzt erstmal an meinem Arm und habe nun zwei Uhren da dran.*

*Heute Nacht kamen hier Russen durch aus anderen Kriegsgefangenenlagern, angeblich Wlassow-Russen, die sich freiwillig für die Front gemeldet haben. Einstweilen organisieren sie im Dorf Kartoffeln usw.*

*Gestern gab es mal wieder Wurst, die ich schon wochenlang, auch für Fleischmarken, nicht bekommen konnte. Marmelade gibt es auch mal wieder, nach 14 Tagen 120 Gramm. Die Marmelade von Dir ist nun fast alle, diese Woche werde ich wohl noch mit ihr ausreichen.*

*Heute fährt wieder ein Unteroffizier nach Hamburg. Hoffentlich komme ich auch mal dran, bevor die Amerikaner herkommen, denn dann werde ich schlecht hier abkommen können. Unentbehrlich.*

*Es schwirren so viele Parolen herum. Einerseits wird behauptet, dass wir als künftige Polizeitruppe das Lager bei der Besetzung des Dorfes durch die Amerikaner übergeben sollen. Andererseits sollen wir die Stellung bis zur letzten Patrone verteidigen. Dass wir mit den Gefangenen weitermarschieren, ist wohl kaum denkbar. Nun, wir müssen abwarten. Wenn wir jetzt in Hamburg wären, würden wir als Barrikadenkämpfer eingesetzt. Na, vielleicht komme ich doch noch mal nach Aumühle.*

*Jetzt fängt hier alles an zu blühen und zu sprießen. Immer neue Vögel kommen und singen ihre Lieder. Wir können aber unsere Augen und Ohren nicht mehr voll darauf richten, denn alles horcht auf beim Wehrmachtsbericht. Wir wollen wissen, wie weit der Amerikaner schon vorgestoßen ist. Einer erzählte, dass in Dorfmark, 14 Kilometer von hier, drei Panzer abgeschossen wurden. Ob es wahr ist, weiß man nicht.*

*Wir wollen aber nicht die Hoffnung aufgeben, dass wir uns noch einmal alle wiedersehen. Hat Werner immer noch nichts von sich hören lassen? Und der Bruno?*

*Übrigens trage ich stark geflickte Kommisswäsche, die mich so kratzt. Wenn es geht, schick' mir doch das weiße Leinenhemd. Läuse habe ich nicht mehr.*

*Gruß an alle,*
*Dein Kurt*

**9. April 1945**

Inzwischen hat sich auch hier bei uns einiges ereignet. Am Sonnabend ein Angriff, wahrscheinlich galt er besonders Hamburg. Ein Flugzeug flog ganz tief über uns hinweg, es gab einen furchtbaren Knall und dann war das Licht aus. Wir saßen im Dunkeln. Radio, besonders die Wehrmachtsberichte, konnten wir auch nicht mehr hören.

**11. April 1945**

*Liebe Ilse,*
*wir sind immer noch hier und warten auf den Abmarsch. Leider muss ich um acht Uhr abends auf Wache, so dass ich nicht viel schreiben kann.*

*Hier hätte ich mir ein Fahrrad und auch einen Rucksack besorgen können. Jetzt, da alle Einheiten abrücken, bleibt vieles liegen. Ich habe zwei Oberhemden bekommen, vier Pack Tabak, 100 Zigarren und 100 Zigaretten, da die Verpflegungslager und Bekleidungskammern geräumt bzw. vernichtet worden sind. Leider kann man nicht alles mitschleppen. Keiner weiß was morgen wird. Wenn wir bloß bald losmarschieren würden. Die Front ist schon zu hören, der Kanonendonner und die Luftminen. Hannover ist verloren. Morgen sollen die französischen Offiziere aus Arnswald nach Lübeck marschieren.*

*Ich habe hinten auf dem Fahrrad den Koffer, auf dem Buckel den Rucksack und auf der Lenkstange die Decke mit dem Kopfkissen und der Zeltbahn, die ich mir hier organisiert habe. Wir marschieren erst bis Bispingen, dann nach Lüneburg und dann wohl Lauenburg. Ich freue mich, dass ich dann hoffentlich auf einen Sprung nach Hause kommen kann. Hoffentlich kommen wir aus dem Kessel mit unseren 60 Patronen Gewehrmunition noch glücklich raus.*

*Auf ein glückliches Wiedersehen,*
*Dein Kurt*

**12. April 1945**

*Liebe Ilse,*
*wie ich Dir gestern schrieb, musste ich abends noch auf Wache, da die jüngeren Kameraden nach Lüneburg abmarschieren mussten, für die wir Alten einspringen. Es machen sich doch schon Erscheinungen von Kriegsmüdigkeit bemerkbar. Hinzu kommt, dass keiner weiß, was bei der sich täglich ändernden Kriegslage zu tun ist. Erstmal packt man alles zusammen, was nicht mitgenommen werden kann. Es wird im Dorf bei Bauern untergestellt oder vergraben.*

*Soweit die Soldaten nicht östlich der Elbe zuhause sind, melden sich viele, die hier bleiben wollen, um das Lager zu übergeben bzw. verpassen sich einen Zivilanzug und versuchen, zu Muttern zu kommen, soweit diese Gebiete schon von den Amerikanern besetzt sind. Ganz Schlaue organisieren sich ein Fahrrad, um rechtzeitig bei Gefahr fortzukommen. Manchen Frauen sind die Fahrräder geklaut worden, während sie einkaufen wollten. Vielen Soldaten ist das Eigentum ihrer Kameraden nicht mehr heilig. Man muss jetzt aufpassen wie ein Schießhund. Jeder denkt nur noch, wie er am besten und schnellsten nach Hause kommt. Aber noch marschieren wir nicht ab. Dagegen sollen bei der Lagerverwaltung die Wehrpässe schon ausgegeben worden sein. Vielleicht haben die sich auch schon einen Zivilanzug verpasst. Im Lager auf den Kleiderkammern sollen sich viele gute Anzüge befinden.*

*So lange wir bei dem Kriegsgefangenenlager sind, brauchen wir wohl keine Fliegerangriffe zu befürchten. Aber wenn wir marschieren? Die gefangenen französischen Offiziere sind sehr hoffnungsfreudig, sie erwarten ihre Erlösung aus der Gefangenschaft und sind schon ziemlich kiebig. Sie frieren in den Zelten und zum Abkochen reißen sie ihre Latrinen auseinander und suchen Pfähle für Brennholz. Wir können sie nicht mehr daran hindern. Der Hunger tut weh.*

*Mein Wecker ist inzwischen repariert. Es war nur eine kleine Reparatur notwendig. Die Spirale hatte sich verhaspelt, in einer Minute war der Schaden behoben. Der Uhrmacher baute sich gerade mit seiner Frau und seinen Kindern einen Bunker. Ich musste ihn von dieser wichtigen Arbeit wegholen. Sein Handwerkszeug hatte er bereits in eine große Blechkiste gepackt. Ebenso das Öl, das er mühsam heraussuchen musste. Ersatzteile hätte ich nicht mehr bekommen, da er diese bereits vergraben hatte ...*

**13. April 1945**

Da wir im Augenblick keine Möglichkeit haben, direkt Nachrichten über das Radio zu bekommen, gibt es viele Gerüchte, die aus Hamburg mitgebracht werden. So hört man, dass Hamburg Festung werden soll, aber das glaubt keiner. Es gibt doch noch so viele Kinder in der Stadt.

**16. April 1945**

Es wundert mich, dass es Kurt trotz der schwierigen Lage immer wieder gelingt, auf irgendeine besondere Weise einen Brief an mich zu schicken. Er ist nun doch endlich nach Bispingen abmarschiert.

*Liebe Ilse,*
*bin heute mittag, nach einem 20-Kilometer-Marsch, mit dem Fahrrad in Bispingen gelandet, wo wir auf Heu und Stroh übernachten. Morgen weiter nach Lüneburg oder Harburg. Die Bauersfrau hat mir von meinem Kaffee gekocht, dazu Marmelade und Käsebrote, vorher rasiert, abends Füße waschen.*

*Die Sachen, die ich nicht mit mir nehmen konnte, habe ich in eine Holzkiste getan und bei einem Bauern in Wietzendorf untergestellt. Aber wer weiß, ob wir uns wieder sehen, ich meine mit der Kiste. In Wietzendorf sind 24 Kameraden geblieben, die den Amerikanern die Gefangenen übergeben. Hoffentlich komme ich nun doch bald wenigstens auf einen Sprung nach Hause.*

*Bis dahin herzliche Grüße an alle*
*und Küsse von Deinem Kurt*

**19. April 1945**

Tiefflieger sind nun jeden Tag über uns und haben schon viel Unheil angerichtet. Man traut sich kaum noch aus dem Haus. Alarm gibt es auch nicht mehr, denn dann würden die Sirenen den ganzen Tag heulen. Es gibt keine zuverlässigen Nachrichten und eine Zeitung habe ich schon lange nicht mehr gelesen. Man muss versuchen weiterzumachen und darf nicht die Nerven verlieren. Manchmal hört man auch aus Richtung Lauenburg den Donner der Front.

Seit gestern haben wir wieder Strom und können Radio hören. Heute morgen erzählen die Leute beim Milchmann, dass man jetzt einen englischen Soldatensender empfangen kann. Dort wird gemeldet, dass Lüneburg von den Engländern erobert worden sei und Panzerspitzen an der Elbe bei Lauenburg sind.

**23. April 1945**

In der Mittagszeit stand plötzlich Kurt in Uniform mit seinem Fahrrad, das mit einer Menge Gepäck beladen war, auf dem Grundstück. Es erschien mir wie ein Traum, der wahr geworden ist, ein Wunder! Er hatte unterwegs einen Regimentskameraden getroffen, Major Kleffel aus Hamburg. Der hatte ihm nach einer kurzen Unterredung das Kommando nach Aumühle gegeben, denn hier gibt es ja auch ein Gefangenenlager. Major Kleffel sah ein, dass es das Beste wäre, wenn Kurt in dieser unglücklichen Situation bei seiner Frau und Kindern ist, und so gab er ihm dieses Kommando. Nun sind wir wieder eine Familie. Es gibt für uns einen neuen Anfang in unserem eigenen Zuhause.

**24. April 1945**

Es erweist sich immer mehr als großes Glück, dass Kurt hierher nach Aumühle zum Gefangenenlager mit den Russen abkommandiert ist. Einige von ihnen kennt er ja schon vom Hausbau. Es hat sich ein ganz

23. April 1945: Kurt kommt nach Hause. Heimkehr eines Soldaten aus der verlorenen Schlacht. Doch so pathetisch hat damals niemand von uns gedacht. Ich war froh, dass Kurt einigermaßen gesund aus dem Krieg zurückkam. Ein Landstreicher könnte nicht besser ausgerüstet sein: Zeltplane, Decken, Kochtopf, Fresspaket am Lenker, Wäsche zum Wechseln, im Koffer, Zahnbürste und Seife ebenso. Das Wichtigste aber: das Fahrrad. Heil aus den Bombennächten gerettet, wird es uns jetzt auch im Frieden das Leben leichter machen.

legerer Umgangston zwischen Bewachern und Gefangenen herausgebildet, fast kameradschaftlich, meint Kurt. Sein Stellvertreter ist Herr Laventz, auch ein Aumühler, der jetzt als Obergefreiter dort Dienst tut. Außerdem sind noch einige ältere Landsturmmänner zur Bewachung eingeteilt. Von Bewachung kann aber eigentlich keine Rede mehr sein, denn die Haustür steht meistens offen. Niemand stört sich daran, nicht die Aumühler, nicht die deutschen Soldaten und auch die Russen finden das völlig in Ordnung.

Es ist ein schöner Vorfrühlingstag. Vadder Gamelin ist nach längerer Zeit wieder einmal vorbei gekommen. Wir besprechen, was noch alles getan werden muss. Es ist eigentlich gar nicht mehr so viel, wenn man nur an das Nötigste denkt. Aber dennoch liegt ein riesiger Berg Arbeit vor uns, bis alles fertig ist und wir in einem normalen Haus wohnen.

In Aumühle kursiert das Gerücht, dass im Hafen von Geesthacht ein großer Elbkahn mit Zucker am Kai liegt und halb gesunken ist. Angeblich haben die Behörden erlaubt, dass sich die Bevölkerung dort Zucker holen kann. Ich schicke Martin mit Kurts Fahrrad los, damit er auch für uns etwas organisiert. Spät am Nachmittag kommt Martin endlich zurück. Das Schiff lag tatsächlich halb unter Wasser an der Kaimauer und war auch bis obenhin mit Zucker beladen. Aber am Vormittag haben sich die deutschen Truppen an der Nordseite der Elbe mit den Engländern auf der Südseite ein Feuergefecht geliefert. Bei der Schießerei sind mehrere Zivilisten, die Zucker holen wollten, verletzt worden, einige tödlich. Ihre Leichen lagen noch immer in der Nähe des Schiffes. Inzwischen hatten die Deutschen mit den Engländern eine Feuerpause von 12 bis 24 Uhr vereinbart, aber die Toten waren noch nicht abtransportiert.

Vom Anblick der Leichen ist dem armen Martin so schlecht geworden, dass er keinen Zucker mehr holen konnte, obwohl die Gefahr bereits vorüber war. Auf dem Rückweg kam er in Hohenhorn bei einer Flakbatterie vorbei. Die Soldaten haben ihn herangewunken und gefragt, ob er Hunger habe. Da hat er sich dann an Nudelsuppe mit Schweinefleisch richtig satt essen können. Die Soldaten erzählten, dass sie so gut wie keine Munition mehr hätten und pro Tag nicht mehr als drei

Schuss abgeben dürften. Dabei hätten sie laut gelacht, was für ein Quatsch dieser Krieg noch sei. Nun ja, wir wissen schon seit Monaten, dass der Krieg verloren ist, und mit Kurt spreche ich auch manchmal darüber. Aber ich wundere mich sehr, dass Soldaten so offen über den verlorenen Krieg sprechen und offenbar keine Angst mehr haben, wegen Landesverrat erschossen zu werden.

Im Radio hört man immer wieder, dass der "Endsieg" kurz bevorstehe und dass wir aushalten sollten. Ich weiß nicht, wer das noch ernsthaft glaubt. Aber viele Leute tun so, als sei ein Sieg Hitlers das Selbstverständlichste von der Welt. Es ist schon erstaunlich, wie wirksam die Propaganda der Partei ist und wie sehr die Leute Angst haben, dass sie verhaftet werden könnten. Ich schließe mich da gar nicht aus. Auch ich habe Angst, dass etwas passiert, wenn ich höre wie andere manchmal ganz offen davon sprechen, dass Deutschland den Krieg verliert.

Martin hat jedenfalls von den Soldaten ein großes Kochgeschirr mit der köstlichen, fetten Nudelsuppe mitgebracht. Und die Einladung, er könne jeden Mittag wieder kommen und sich eine große Portion für die ganze Familie holen.

## 29. April 1945

Inzwischen hat sich die Fahrt nach Hohenhorn zur regelrechten Essenholer-Tour entwickelt. Martin und Trudel fahren abwechselnd mit Kurts Fahrrad, den kleinen Milcheimer am Lenkrad, zu den Flaksoldaten. Heute ist Trudel an der Reihe. Gegen zwölf Uhr – Trudel ist etwa eine Stunde fort – kommt ein Melder vom Gefangenenlager mit dem Abmarschbefehl für Kurt. Er soll sich um 14 Uhr an der Kreuzchaussee neben dem Bismarckschen Holzlager melden. Dort wird ihn ein Lastwagen abholen, der ihn zur Front bringt.

Die Überraschung ist groß. Damit hatten wir nicht mehr gerechnet. Außer dem Tornister mit der Zeltplane packt Kurt auch noch seinen kleinen Koffer. Er glaubt nicht, dass es noch zu einem Gefecht oder zur Bildung einer Front kommen kann, um die englische Armee aufzuhalten. Seine Einheit, die fast nur aus älteren und kranken Männern besteht, wird bald in Gefangenschaft geraten. Und da ist es immer nützlich, gut ausgerüstet zu sein. Wollene Unterwäsche, Decken, Pullover und Schals sind ihm genauso wichtig, wie sein Rasierapparat.

In kurzer Zeit ist alles gepackt und Kurt müsste los. Aber Trudel ist noch nicht da und ohne sein Fahrrad will er nicht gehen. Schließlich kann er doch nicht mit dem Koffer in der Hand in den Krieg ziehen. Eine Viertelstunde nach der anderen vergeht und von Trudel keine Spur. Auch ich fange an, mir Sorgen zu machen. Allerdings weniger wegen des Fahrrads und der Nudelsuppe, sondern wegen Trudel.

Kurz vor 14 Uhr beschließt Kurt, doch ohne Fahrrad abzumarschieren. Er hat seinen Marschbefehl bekommen und dem muss er gehorchen, wenn er sich und uns nicht unglücklich machen will. Als Kompromiss beschließen wir, dass ich bis zur Kreuzchaussee mitkomme und den kleinen Koffer trage. Kommt der Lastwagen wirklich, werde ich Kurt den Koffer hinaufreichen und alles ist erledigt. Auf das Fahrrad muss er dann verzichten. Allerdings schärft er Martin ein, sofort mit dem Fahrrad nachzukommen, ganz egal, wie spät es ist.

Wir gehen also los und sind kurz nach 14 Uhr an der Kreuzchaussee. Drei Kameraden von Kurt sind schon da und wenig später kommt tatsächlich ein Lastwagen mit Holzgasmotor. Er sieht sehr heruntergekommen aus und ich kann mir nicht vorstellen, dass dieses Vehikel noch lange fahren wird. Bis zur Front, wo auch immer die sein mag, werden sie wohl noch kommen, aber dann ...

Während wir das Gepäck und natürlich auch den kleinen Koffer hinaufreichen, zischen plötzlich zwei Tiefflieger ganz niedrig über die Bäume und schießen mit Maschinengewehren. Kurz danach gibt es eine mörderische Explosion. Dann ist es totenstill. Wir haben uns hingeworfen und während wir langsam wieder aufstehen, ruft jemand: "Es brennt, das Schloss brennt!" Und tatsächlich, durch die Bäume sehen wir unten am Bahnübergang das Bismarcksche Schloss, aus dem dicke, schwarze Rauchwolken kommen. Offenbar haben die Tiefflieger Bomben geworfen. Kurt, der jetzt das Kommando über die kleine Truppe hat, ruft laut: "Los, runter zum Schloss! Wir helfen löschen!"

Als wir über die Eisenbahngleise laufen, kommen uns ein paar Leute entgegen, die in einer Decke einen Schwerverletzten tagen. Das Blut sickert aus der Decke und hinterlässt eine rote Spur auf dem Pflaster und im Sand. Es ist der Schweizer Generalkonsul, der mit seiner Frau zu einem Besuch in Friedrichsruh war. Eine Bombe hat das Schloss in Brand gesetzt. Ein Flügel des Gebäudes ist eingestürzt, der Dachstuhl brennt an mehreren Stellen. Die Leute vom Schloss sind schon oben auf dem Dachboden und löschen. Kurt schickt einen Teil seines Trupps nach oben und wir fangen an, die Möbel aus dem brennenden Flügel des Schlosses zu tragen. Plötzlich steht Martin mit dem Fahrrad mitten im Saal. Für Kurt kommt er genau im richtigen Augenblick. Sofort schickt er ihn zurück nach Aumühle, um die restlichen Wachsoldaten und die russischen Gefangenen zum Helfen zu holen.

Martin jagt los und knapp eine Viertelstunde später kommt er mit den Russen im Laufschritt heran. Das Schloss brennt jetzt lichterloh, obwohl inzwischen auch die Feuerwehr da ist. Etliche Möbel stehen schon auf dem Hof. Die Russen packen sofort mit an und rollen den riesigen Teppich im unteren Saal zusammen, ein herrliches Stück mit einem wunderbaren Muster. Aber die Russen können ihn nicht ganz zusammenrollen, weil auf die hintere Ecke des Teppichs ein Teil der Decke und anderer Trümmerschutt gestürzt ist.

Offenbar können die Russen schneller denken als die Leute im Schloss. Schon hat einer eine große Axt in der Hand und fängt an, die hintere Ecke des Teppichs abzuhacken, ein unglaubliches Bild. Unter dem Teppich zersplittert das Parkett. Wir alle stehen wie gelähmt und sehen zu. Ein Diener des Fürsten versucht, den Russen aufzuhalten. Aber der hört gar nicht und treibt mit immer schnelleren Schlägen die Axt durch den Teppich, dicht an dem Schuttberg vorbei.

Nur ein paar Minuten hat es gedauert, bis der Teppich abgehackt ist und die Russen den noch unversehrten Teil nach draußen schleifen. Wenige Augenblicke später fängt die Saaldecke an sich langsam zu senken, bis sie schließlich knirschend und polternd zusammenbricht und alles unter sich begräbt. Alle, die im Saal standen, haben beim ersten Knirschen der Decke alles stehen und liegen lassen und sind nach draußen ins Freie gerannt, auch die Russen.

Da stehen wir nun an diesem schönen Vorfrühlingsabend, ringsum die vielen kostbaren Möbel, vor uns die lange Rolle des wunderschönen, jetzt amputierten Teppichs und dahinter brennt das Schloss. Ein ganz schauriger Anblick, den ich mein Leben lang nicht vergessen werde.

Eine Stunde später ist das Feuer gelöscht. Wir gehen langsam zusammen mit den Russen nach Aumühle zurück. Die Russen sind beladen mit Lebensmitteln, mit Wein- und Schnapsflaschen, die sie für sich aus dem Keller retten konnten. Niemand denkt daran, dass es Kriegsgefangene sind und niemand kommt auf die Idee, ihnen die Sachen wegzunehmen.

## 1. Mai 1945

Es ist Sonntag und zugleich "Tag der Arbeit". Aber das nimmt niemand mehr ernst Wir müssen unbedingt die Kartoffeln setzen. Ein Beet haben wir schon angelegt. Die Handwerker sagen zwar, dass dort nichts wachsen wird, weil der Waldboden viel zu sauer ist, aber wir wollen es trotzdem versuchen. Morgen sollen Martin und Trudel vom Gut Schönau Pflanzkartoffeln holen. Es steht uns noch ein Deputat zu, das wir hierfür nutzen wollen.

Schon beim Frühstück hören wir Geschützdonner. Er kommt von Südosten, also wohl von Lauenburg her. Gegen zehn Uhr muss Martin los, zur Maikundgebung der Partei. Vor dem kleinen Gemeindebüro stehen ungefähr hundert Leute. Wohl 30 oder 40 Hitlerjungen, ein paar Pimpfe vom Jungvolk und einige BDM-Mädchen. Der Rest sind einige SA-Leute in Uniform und Parteigenossen in Zivil. Es wird gesungen, dann hält jemand in Uniform eine Rede über den bevorstehenden Endsieg und zum Schluss marschiert der kleine Trupp über die Börnsener Straße. Dort wird das Horst-Wessel-Lied gesungen, ein "Sieg-Heil" auf den Führer und dann ist Schluss. Es ist wohl tatsächlich bald Schluss damit ...

Gegen Mittag kommt Martin wieder zurück. Wir sind mit dem Umgraben des Beetes halb fertig. Aus der Ferne hören wir wieder Geschützdonner.

Die Ruine des Bismarckschen Schlosses in Friedrichsruh, wenige Tage nach dem Angriff der englischen Tiefflieger am 29. April 1945.

Die Überreste des großen Saales, aus dem wir die Möbel bergen konnten und die russischen Kriegsgefangenen den kostbaren Teppich holten.

**2. Mai 1945**

Die Nacht war ganz ruhig. Es gab keinen Geschützdonner mehr und auch die Flugzeuge haben wir nicht gehört. Ich habe also keine Bedenken, Martin und Trudel zum Gut Schönau zu schicken, um unser Deputat Kartoffeln abzuholen. Die beiden sind etwa eine Stunde weg, da hört man wieder Geschützdonner. Kaum hat Kurt erklärt, dass wir uns keine Sorgen machen sollen, fallen ganz in der Nähe Schüsse. Es knallt sehr laut, die Kinder fangen an zu weinen. Wir legen uns auf den Boden und Kurt meint, dass die Geschütze ganz dicht vor Aumühle im Wald stehen müssten. Man hört auch manchmal die Granaten rauschen. Aber sonst ist es erstaunlich still.

Plötzlich kommt Tomaschek, ein Pole, der uns oft geholfen hat, angelaufen und ruft uns zu, dass die Engländer schon am Stangenteich sind. Noch bevor wir ihn etwas fragen können, ist er weiter gerannt. Ich mache mir große Sorgen um Martin und Trudel. Zum Glück ist es nun wieder still, auch aus der Ferne hört man keine Schüsse mehr.

Wir graben also weiter unser Beet um, da erscheinen Trudel und Martin mit ihrem Bollerwagen voll Kartoffeln. Es ist ihnen nichts passiert, aber sie haben viel gesehen. Auf dem Gut Schönau verlief noch alles friedlich. Martin konnte sogar beim Futtermeister Emil einen kleinen Beutel Weizenschrot gegen vier Zigaretten eintauschen, während Trudel mit den anderen, mit denen sie Spinat und Rhabarber geerntet hatte, die Kartoffeln abwog und auflud.

Auf dem Heimweg hat sie ein Offizier mit einer Pistole in der Hand gefragt, ob sie Engländer gesehen hätten, aber da sie von nichts wussten, hat er sie wieder laufen lassen. An der Billebrücke bei der Bismarckquelle haben sie links und rechts neben dem Brückengeländer zwei große Fliegerbomben liegen sehen. Die hatten aber keine Zünder mehr, wie Martin fachmännisch seinem Vater erklärt. Damit sollte wohl die Brücke gesprengt werden.

Ich wundere mich immer wieder, wie erwachsen Martin mit seinen 13 Jahren schon ist. Er ist eine richtige Stütze geworden. Ohne ihn und Trudel wäre alles viel viel schwerer für mich.

Ihr größtes Erlebnis hatten die beiden am Fischerhaus, wo das Lager der Russen untergebracht ist. Vor der Tür standen ungefähr zehn englische Soldaten, die versuchten, den Obergefreiten Laventz zu verhören. Der hatte wohl gerade Wache, als die Engländer kamen. Das Verhör schien sehr schwierig zu sein, obwohl der alte Kellner vom Buschbek versuchte, zu dolmetschen. Andere Soldaten waren dabei, die Gewehre der Wachmannschaft unbrauchbar zu machen. Sie haben die Gewehre so lange gegen Bäume geschlagen, bis die Kolben abgebrochen sind. Da haben die beiden sich lieber verdrückt. Rechts neben dem Bahnhof war ein Volltreffer in die Sparkasse gegangen, das halbe Dach ist weg. Auch das Haus von Trapp hat was abgekriegt, erzählt Martin. Hinter der Hecke von Brinckmann hat ein Leutnant gestanden. Martin rief ihm zu, er solle mal verduften, die Engländer seien schon am Bahnhof. Aber der Leutnant hat nur böse mit der Pistole rumgefuchtelt und Martin einen Defätisten geschimpft. Trudel zog ihn schnell weiter, man weiß nie, wie solche Leute reagieren, meint sie.

Kurt sagt nichts und geht wieder an die Arbeit. Kartoffeln einpflanzen. Eine merkwürdige Situation. Aber da man nichts hört und auch nichts sieht, gehen schließlich alle wieder an ihre Arbeit. Dann kommt der Krieg auch zu uns. Zuerst hört man eine Lastwagenkolonne auf der Börnsener Straße fahren. Einige der kleineren Wagen biegen dann in den schwarzen Sandweg ein und fahren am hinteren Zaun unseres Grundstücks entlang. Links und rechts neben den Fahrzeugen gehen im Gänsemarsch englische Soldaten, die Gewehre in der Hand. Ich bin überrascht, weil sie genau so aussehen, wie in der Wochenschau. Die flachen Stahlhelme und die Uniformjacken, die Stiefel geschnürt. Ich habe das Gefühl, ich kenne sie schon lange. Dass es sich um Feinde handelt, fällt mir erst später ein.

Es ist ein mulmiges Gefühl, zum ersten Mal ‚den Feind' zu sehen. Wir stehen alle wie angenagelt in unserem Kartoffelbeet. Drei Soldaten steigen über den Stacheldraht unseres Grundstücks. Einer verheddert sich mit seiner Hose im Draht. Ich denke, hoffentlich reißt er sich kein Loch – da fällt mir auch schon ein, dass es ein feindlicher Engländer ist. Und ich mache mir Gedanken um seine Hose! Die drei gehen an Kurt, Martin und Onkel Erwin vorbei, sagen etwas, das wie "Hallo" klingt und zeigen dann auf mich. Ich soll ihnen wohl das Haus zeigen.

Ich gehe voran, die drei hinterher. In der Küche biete ich ihnen Wasser an, eigentlich eine seltsame Geste von Gastfreundschaft, die einem wohl in Fleisch und Blut übergegangen ist. Für mich sind es mit einem Mal drei Männer, die vielleicht Durst haben, die uns hoffentlich nichts tun, niemanden mitnehmen und bald wieder gehen. Sie lehnen das Wasser ab, einer klettert die Leiter hoch in den ersten Stock und kommt kopfschüttelnd wieder runter. Schüttelt er nun den Kopf über unsere primitive Behausung oder will er nur sagen, dass dort oben keine deutschen Soldaten sind, nach denen sie offenbar suchen?

Ich gehe wieder mit ihnen nach draußen und sehe gerade wie der Nachbar und seine Familie mit hoch erhobenen Händen aus dem Haus kommen. Ein komischer Anblick. Doch auch dort kommen die Soldaten schnell wieder heraus. Sie gehen weiter die Straße hinunter, steigen über die Zäune in die Gärten der anderen Häuser. Wir sehen uns ungläubig an: Das war alles?! Ich hatte mir das ganz anders vorgestellt. Aber wie eigentlich? Ich hatte es mir überhaupt nicht vorgestellt, merke ich gerade. Ich hatte so viel damit zu tun, die Familie durchzubringen, Lebensmittelkarten und Bezugsscheine zu besorgen, zu heizen, zu kochen, zu waschen und vor allen Dingen das Haus zu bauen, damit wir wieder ein Zuhause haben. Und das haben wir tatsächlich geschafft!

Ich kann es gar nicht glauben. Ich kann vor allen Dingen gar nicht so schnell denken, um zu begreifen, was dieser Besuch der Engländer für uns bedeutet. Die Not, die größte Not, hat erst mal ein Ende. Nach ein paar Minuten fange ich doch an, mich zu freuen. Mein Gott, wir haben es geschafft! Der Krieg ist zuende und wir haben ein Zuhause! Alles wird gut werden. Ich bin auch überzeugt, dass Werner, an den ich denken muss, heil und gesund nach Aumühle kommen wird. Es ist geschafft! Der Krieg ist vorbei!

Ich gehe zu Kurt und merke, dass ich weiche Knie habe. Er ist ganz ruhig und pflanzt, als wäre nichts geschehen. Ich sehe ihn an und er sagt, als sei es das Selbstverständlichste von der Welt: "Der Krieg ist für uns vorbei. Nun müssen wir sehen, dass die Kartoffeln rechtzeitig in die Erde kommen." Ich bin perplex, doch wenn ich es bedenke, hat Kurt ganz recht.

Mai 1945 – der Krieg ist vorbei! Nicht vorbei sind Kummer und Leid, die er uns gebracht hat. Es wird noch viele viele Jahre dauern, über fünfzig, wie wir heute wissen, bis die Städte wieder aufgebaut sind und die Kinder und Enkel ihre Väter und Mütter ersetzt haben. So große Worte und Visionen hatten wir 1945 nicht. Wir haben es geschafft, für unsere verbrannte Wohnung ein neues Zuhause zu schaffen und mussten an das Nächstliegende denken und dafür arbeiten. Als der Frieden begann, waren wir gerade dabei, Saatkartoffeln zu pflanzen. Ein praktischer, ein guter Anfang.

**Bildquellen**

Wir danken folgenden Personen, Firmen und Institutionen für die Überlassung und die Abdruckgenehmigung der in diesem Buch enthaltenen Fotodokumente:

Fotograf Carl Werner Schmidt-Luchs, Hamburg
Seiten 45, 131, 139

Staatliche Landesbildstelle Hamburg
Seiten 13, 19, 21, 23, 27, 29, 35, 69, 73, 81 (unten), 93, 109 (2), 141, 135, 157

Fürstlich von Bismarcksches Archiv, Friedrichsruh
Seite 173 (2)

Alle anderen in dem Buch enthaltenen Fotos stammen aus dem Fotoalbum der Familie Grassmann, Hamburg.